AI와 감성·경험 데이터

AI문고

인공지능 시대입니다. 기계가 인간의 인지를 대신하고, 사물이 인간을 통하지 않고 다른 사물과 직접 커뮤니케이션합니다. 이에 따른 인간 삶과 문명 변화를 정확히 이해·예측·대응하는 것은 이 시대 우리 모두의 과제입니다. AI문고는 인공지능 기술과 환경의 여러 주제를 10가지 키워드로 정리합니다. 관련 개념과 이론, 학계와 산업계의 쟁점, 우리 일상의 변화를 다룹니다. 인간과 기술의 현재, 미래를 세심히 분석합니다.

일러두기

- 인명, 작품명, 저서명, 개념어 등은 한글과 함께 괄호 안에 해당 국가의 원어를 병기했습니다.
- 외래어 표기는 현행 어문규정의 외래어표기법을 따랐습니다. 다만 '딥러닝', '딥마인드', '딥페이크' 등은 관행을 따랐습니다.

처음이세요?

전문가세요?

AI와 감성·경험 데이터

안진호

대한민국, 서울, 커뮤니케이션북스, 2024

AI와 감성 · 경험 데이터

지은이 안진호
펴낸이 박영률

초판 1쇄 펴낸날 2024년 9월 12일

커뮤니케이션북스(주)
출판 등록 2007년 8월 17일 제313-2007-000166호
02880 서울시 성북구 성북로 5-11
전화(02) 7474 001, 팩스(02) 736 5047
commbooks@commbooks.com
www.commbooks.com

ISBN 979-11-288-6694-4 03500

책값은 뒤표지에 표시되어 있습니다.

차례

AI 시대의 창의적 접근

현대 사회는 기술의 급속한 발전과 함께 디지털 혁명의 한가운데에 서 있다. 그 중심에는 AI가 있다. AI 기술의 발전은 우리의 일상과 산업 전반에 걸쳐 큰 변화를 일으키고 있다. 최근 몇 년간 AI 기술의 발전은 놀라울 정도로 빠르게 이루어졌으며, 이제 AI는 많은 부분에서 인간의 역할을 대신할 수 있게 되었다. 그러나 AI가 아직도 가장 어려워하는 부분이 있다. 그것은 바로 사람의 마음, 즉 감성과 경험을 헤아리는 일이다(Picard, 1997).

AI 분야에서 가장 발전하기 어려운 분야가 바로 감성 분석이다. 인간의 감정은 매우 복잡하고 미묘하며, 때로는 모순적이기까지 하다. 이러한 복잡성을 AI가 이해하고 분석하기 위해서는 단순한 데이터 처리 이상의 것이 필요하다. 바로 이 지점에서 인문학적 기반의 휴리스틱적 접근이 무엇보다 중요하다. 인간의 감정, 문화, 역사, 철학에 대한 깊은 이해를 바탕으로 한 접근법이 필요한 것이다.

"나 오늘 기분이 좋아"라는 간단한 문장을 생각해 보

자. 이 문장은 표면적으로는 긍정적인 감정을 나타내고 있지만, 실제 상황에 따라 그 의미는 크게 달라질 수 있다. 말하는 사람의 톤, 표정, 몸짓, 그리고 이 말이 나온 맥락 등을 모두 고려해야만 진정한 의미를 파악할 수 있다. 누군가가 화가 난 표정으로 이 말을 한다면, 실제로는 반어법을 사용한 것일 수 있다. 또는 슬픈 일이 있었던 사람이 억지로 이런 말을 할 수도 있다. 이런 복잡한 상황을 AI가 정확히 이해하고 분석하기 위해서는, 단순한 언어 처리나 표정 인식을 넘어서는 종합적이고 인문학적인 접근이 필요한 것이다.

AI 시대의 창의적 접근 방식은 감성 및 경험 데이터의 활용에 깊이 뿌리를 두고 있다. 여기서 '감성'은 인간의 다양한 감정 상태를, '경험'은 인간이 일상생활에서 겪는 모든 순간을 아우른다. 이러한 복잡한 인간의 내면세계를 AI가 어떻게 이해하고 상호 작용할 수 있을까? 그 해답의 실마리를 '감정 인식 기술'의 발전 과정에서 찾을 수 있다. 인간의 감정과 경험은 매우 주관적이고 복잡해, 이를 정량화하고 분석하는 것은 AI 연구의 가장 큰 도전 과제 중 하나로 여겨져 왔다.

감정 인식 기술은 AI 시스템이 인간의 미묘한 표현들을 읽어 내는 첨단 기술이다. 이는 사람의 얼굴에 스치는

찰나의 표정, 목소리에 담긴 미세한 떨림, 무의식적인 몸짓 등을 종합적으로 분석해 그 사람의 감정 상태를 해독한다. AI는 단순한 명령어 수행을 넘어 사용자와 감정적으로 교감하며 더욱 자연스러운 상호 작용을 할 수 있게 되었다. 이는 AI가 인간의 복잡한 내면세계를 이해하고 반응하는 새로운 지평을 열었다고 볼 수 있다(Zeng et al., 2009).

이러한 감정 인식 기술의 발전은 AI와 인간의 관계를 근본적으로 변화시키고 있다. 그러나 이러한 기술의 발전에는 여전히 많은 과제가 남아 있다. 인간의 감정은 문화적 배경, 개인의 경험, 상황적 맥락 등에 따라 매우 다양하게 표현되고 해석될 수 있기 때문이다. 따라서 AI가 진정으로 인간의 감정을 이해하고 적절히 반응하기 위해서는, 단순한 데이터 분석을 넘어 인문학적 통찰과 윤리적 고려가 함께 이루어져야 한다. 이는 AI 기술의 발전이 단순히 기술적 진보를 넘어 인간에 대한 더 깊은 이해와 존중을 바탕으로 이루어져야 함을 시사한다.

로잘린드 피카드(Rosalind Picard)는 1997년에 출간된 그녀의 저서 『감정 컴퓨팅(Affective computing)』에서 감정 인식 기술의 중요성을 강조했다. 감정 컴퓨팅은 컴퓨터가 인간의 감정을 인식하고 적절하게 반응할 수 있도록 하는 기술 분야를 의미한다. 피카드는 이 책에서 인간의 감정이 컴퓨터와의 상호작용에 있어서 얼마나 중요한지를 설명하고, 감정 컴퓨팅 기술이 어떻게 발전할 수 있는지를 제시했다.

피카드의 연구는 AI가 단순한 논리적 문제 해결에서 벗어나 인간과의 정서적 유대감을 형성할 수 있는 가능성을 열어 주었다. AI가 사용자와의 대화 중에 사용자의 감정을 인식하고 그에 맞추어 반응한다면, 사람의 행동과 태도라 할 수 있는 '사용자 경험'은 훨씬 더 풍부하고 만족스러워질 것이다. 이러한 기술은 마케팅과 광고, 의료, 교육, 고객 서비스 등 다양한 분야에서 응용될 수 있으며, AI와 인간의 상호 작용 방식을 근본적으로 변화시킬 잠재력을 지니고 있다.

고객의 감성과 경험에 관한 양적 데이터와 질적 데이터의 조화로운 활용은 기업의 지속 성장에 필수적이다. 양적 데이터는 수치화된 정보로 방대한 양의 데이터를 분석해 시장의 트렌드와 소비 패턴을 파악하는 데 유용하다. 매출 수치, 방문자 수, 클릭 수 등이 양적 데이터의 사례에 해당한다. 이러한 데이터는 통계적 분석을 통해 전반적인 시장 동향을 이해하고, 소비자 행동을 예측하는 데 도움을 준다.

반면, 질적 데이터는 수치화되지 않은 정보를 의미하며, 심층적인 정보를 통해 사람들의 진정한 욕구와 감정을 파악하게 한다. 인터뷰, 설문 조사, 고객 리뷰 등이 질적 데이터의 사례에 해당한다. 이 데이터는 고객이 왜 특정 행동을 했는지, 그들의 생각과 감정이 무엇인지를 깊이 이해하는 데 유용하다. 질적 데이터는 고객의 구체적인 경험과 감정에 대한 깨달음을 제공해, 양적 데이터로는 파악하기 어려운 부분을 보완한다.

이 두 가지 접근 방식의 결합은 더 깊이 있는 안목을 제공한다(Johnson & Onwuegbuzie, 2004). 양적 데이터가 전체적인 흐름과 패턴을 보여 준다면, 질적 데이터는 그 흐름 뒤에 숨겨진 이유와 감정을 드러낸다. 판매 데이터를 예로 들어 보면 특정 제품의 인기가 높아졌다는 것을 보여 줄 수 있지만, 왜 그 제품이 인기를 끌게 되었는지는 질적 데이터를 통해 알 수 있다. 이렇게 양적 데이터와 질적 데이터를 함께 활용하면 기업은 고객에 대한 보다 정확하고 풍부한 이해를 얻는다.

또한, 이러한 데이터의 결합은 AI의 감성 분석 능력을 더욱 강화한다. 감성 분석은 AI가 텍스트, 음성, 영상 등의 다양한 데이터를 분석해 사람의 감정 상태를 파악하는 기술을 의미한다. 여기서 '텍스트'는 글로 표현된 정보를 말하고, '음성'은 말소리나 억양, '영상'은 표정이나 제스처와 같은 시각적 요소를 포함한다. 감성 분석을 통해 AI는 단순히 명령을 수행하는 것 이상으로 사용자의 감정을 이해하고 그에 맞춰 반응할 수 있다.

안진호(2024.2.6)의 연구에 따르면, 양적 데이터와 질적 데이터를 결합해 분석할 때 AI의 감성 분석 능력이 크게 향상된다고 한다. 이는 AI가 단순히 수치 데이터를 분석하는 것에서 나아가 사람들의 감정적 반응과 그 맥락을 이해하는 데 중요한 역할을 한다는 걸 시사한다. 양적 데이터는 기본적인 틀을 제공하고, 질적 데이터는 그 틀을 채우는 세부 정보를 제공함으로써 AI는 보다 정교하고 정확한 감정 분석을 수행할 수 있게 된다.

챗지피티(ChatGPT)는 AI의 감성 분석 능력을 잘 보여주는 성공적 사례다. 많은 데이터를 학습하고, 트랜스포머(transformer) 모델을 사용해 챗지피티는 감정을 표현하는 방법을 배운다. 이 모델은 문장의 문맥을 이해하고 단어들 간의 관계를 잘 파악할 수 있다. "오늘 날씨가 너무 좋아서 기분이 좋았어."라는 문장의 예시에서 "기분이 좋았어"가 문장의 긍정적인 감정을 나타낸다. 이를 통해 챗지피티는 문장의 감정적 뉘앙스를 전체적으로 파악하고, 적절하게 반응할 수 있다(McDuff & El Kaliouby,

2017).

감성 해석의 중요성은 단순한 감정 인식을 넘어 깊고 풍부한 가치를 내포한다. AI가 감정의 복잡한 맥락을 이해하고 이를 바탕으로 더욱 적절하고 인간적인 반응을 제공하는 능력은 사용자와의 상호 작용을 근본적으로 변화시키고 있다. 이는 AI가 사람의 진정한 의도를 파악하고, 그에 부합하는 맞춤형 서비스를 제공하는 데 필수적인 요소로 자리 잡고 있다. 고객 서비스 분야에서 AI 챗봇은 사용자의 감정 상태를 실시간으로 분석해, 단순한 정보 제공을 넘어 공감과 위로를 전달할 수 있게 되었다. 이러한 진화는 AI와 인간 사이의 상호 작용을 더욱 자연스럽고 의미 있게 만들어 가고 있다.

디자인 분야에서도 AI의 역할은 날로 증대되고 있다. AI는 반복적이고 시간 소모적인 작업을 효율적으로 자동화해, 디자이너들이 그들의 창의성과 직관을 더욱 중요한 영역에 집중할 수 있도록 돕는다. 그뿐만 아니라 AI는 방대한 양의 사용자 데이터를 실시간으로 분석해 디자인과 기능을 지속적으로 개선할 수 있는 통찰력을 제공한다. 이는 사용자 중심의 설계 철학을 한 단계 더 발전시키며, 혁신적인 제품과 서비스를 탄생시키는 원동력이 되고 있다. 가령, 웹사이트나 앱 디자인에서 AI는 사용자의 행동 패턴을 분석해 개인화된 인터페이스를 제안하거나, 사용성을 극대화하는 레이아웃 변경을 자동으로 수행할 수 있다.

마케팅 전략 수립에 있어서도 AI의 감성 데이터 활용은 혁명적인 변화를 가져오고 있다. AI는 개개인의 취향, 행동 패턴, 감정 상태를 세밀하게 분석해 고도로 맞춤화된 경험을 제공함으로써 소비자의 적극적인 참여를 유도하고, 브랜드와 고객 사이의 감성적 유대를 강화한다. 이를 통해 단순한 구매 행위를 넘어 브랜드와 소비자 간의 깊은 공감대를 형성할 수 있게 된다. 일례로, AI 기반의 추천 시스템은 사용자의 과거 구매 이력뿐만 아니라 현재의 감정 상태까지 고려해 최적의 제품을 제안할 수 있다. 또한, 소셜 미디어상의 고객 반응을 실시간으로 분석해 브랜드 이미지를 개선하고, 위기 상황에 신속하게 대응하는 등 전략적인 마케팅 활동을 가능케 한다.

이러한 AI의 감성 데이터 활용은 비즈니스 전반에 걸쳐 혁신적인 변화를 일으키고 있으며, 기업과 소비자 모두에게 새로운 가치를 창출하고 있다. 그러나 이와 동시에 개인 정보 보호와 윤리적 사용에 대한 신중한 접근이 요구되며, 이는 AI 기술 발전의 지속 가능성을 보장하는 중요한 과제로 남아 있다.

결국, AI와 인간의 협업을 통해 우리는 더 창의적이고 혁신적인 제품과 서비스를 개발할 수 있다. 이 책 『AI와 감성 · 경험 데이터』는 AI가 어떻게 감성적이고 경험적인 데이터를 활용해 다양한 분야에서 혁신을 일으키고, 새로운 가치를 창출하는지에 대해 심도 있게 다룬다. 독자들은 이 책을 통해 AI 기술의 잠재력을 이해하고, 감성 · 경험 데이터가 미래의 비즈니스와 일상생활에 어떤 변화를 일으킬 수 있는지에 대한 안목을 얻을 수 있을 것이다. 특히, 마케터와 디자이너 같은 창의적 직군의 전문가들에게 이 책은 AI 시대에 어떻게 대응하고 더 나은 결과를 창출할 수 있는지에 대한 귀중한 통찰을 제공할 것이다. AI와 인간의 협업을 통해 우리는 더 창의적이고 혁신적인 세상을 만들어 나갈 수 있다.

AI 시대는 기술 혁신과 함께 인간의 감성과 경험을 중요시하는 새로운 패러다임을 요구한다. AI가 사람의 복잡한 감정을 이해하고, 이를 바탕으로 더 나은 상호 작용을 구현하는 것은 이제 필수적인 과제가 되었다. 이 책에서는 AI가 감정 인식 기술을 통해 어떻게 인간과의 상호 작용을 개선하고 새로운 가치를 창출할 수 있는지에 대한 다양한 사례와 연구를 다룬다. 이를 통해 독자들은 AI 감정 인식 기술의 현재와 미래를 이해하고, 이를 활용한 비즈니스와 일상생활의 변화를 예측할 수 있을 것이다.

AI 기술의 발전은 단순히 기술적 혁신에 그치지 않는다. 여기서 '기술적 혁신'은 기존의 기술을 개선하거나 새로운 기술을 도입해 성능을 향상시키는 과정을 의미한다. AI가 인간의 감정과 경험을 이해하고, 이를 바탕으로 더 나은 상호 작용을 구현하는 것이 중요하다. '감정'은 인간이 느끼는 다양한 정서 상태를 말하며, '경험'은 일상생활에서 겪는 사건과 그로 인해 느끼는 모든 감정을 포함한다.

감성 데이터의 활용은 AI가 인간의 복잡한 감정을 이해하고, 이를 통해 더 나은 상호 작용을 구현하는 데서 중요한 역할을 한다. '감성 데이터'는 인간의 표정, 목소리, 신체 언어 등에서 얻어진 정보를 의미하며, 이를 통해 AI는 사용자의 현재 감정 상태를 파악하고 적절하게 반응할 수 있다. 이 책에서는 AI가 감성 데이터를 활용해 어떻게 다양한 분야에서 혁신을 일으키고 새로운 가치를 창출할 수 있는지에 대해 심도 있게 다룬다.

자동차 산업에서는 운전자 상태 모니터링 관점에서 AI 감정 인식 기술을 사용해 차량 내부 카메라와 센서로 운전자의 피로도, 스트레스 수준, 주의력 상태를 감지하고, 이를 바탕으로 안전 경고와 휴식 권장을 제공할 수 있다. 또한, 엔터테인먼트 및 게임 분야에서는 AI 감정 인식 기술을 통해 플레이어의 얼굴 표정과 음성 반응을 실시간으로 분석해, 게임의 난이도와 스토리라인을 개인의 감정 상태에 맞게 조절함으로써 더욱 몰입감 있고 만족스러운 게임 경험을 제공할 수 있다. 또한, 고객 서비스에서는 고객의 감정을 파악해 더 나은 서비스를 제공할 수 있고, 이는 기업의 이미지와 고객 만족도를 크게 향상시킬 수 있다.

독자들은 이 책을 통해 사람의 감성과 경험에 관한 AI 기술의 잠재력을 이해하고, 감성 데이터가 미래의 비즈니스와 일상생활에 어떤 변화를 일으킬 수 있는지에 대한 안목을 얻을 수 있을 것이다. 감성 데이터의 활용은 AI가 인간과 더욱 깊이 연결되고, 사용자와의 상호 작용을 개인화해 만족도를 높이는 데 중요한 역할을 한다. 이를 통해 AI는 단순한 도구를 넘어 인간의 삶의 질을 향상시키는 데 기여할 수 있다.

AI 기술의 발전은 감성 데이터의 활용을 통해 인간의 복잡한 감정을 이해하고, 이를 바탕으로 더 나은 상호 작용을 구현하는 데 목적이 있다. 이는 다양한 분야에서 혁신을 일으키고, 새로운 가치를 창출하는 데 중요한 역할을 한다. 이 책은 독자들에게 AI 기술의 잠재력을 깊이 이해하고, 감성 데이터가 어떻게 미래의 비즈니스와 일상생활에 변화를 가져올 수 있는지에 대한 중요한 이해를 제공한다.

이 책의 아이템을 선정한 이유는 AI가 인간의 감성과 경험을 이해하고 활용하는 것이 AI 시대의 성공적인 상호 작용과 혁신에 필수적이기 때문이다. 감성 데이터와 경험 데이터는 AI가 인간과의 정서적 유대감을 형성하고 더 나은 사용자 경험을 제공하는 데 중요한 역할을 한다. AI가 단순한 논리적 문제 해결에서 벗어나 인간적인 측면을 이해하고 반응하는 능력을 갖추는 것은 다양한 분야에서 새로운 가치를 창출하는 데 필수적이다.

아이템 선정 방식은 각 장이 AI와 감성 데이터의 연관성을 중심으로 구성되었다. AI 기술의 다양한 응용 분야에서 감성 데이터가 어떻게 활용되는지에 대한 사례와 연구를 통해 독자들이 AI 기술의 잠재력을 깊이 이해할 수 있도록 했다. 특히, 마케터와 디자이너 같은 창의적 직군의 전문가들이 AI 시대에 어떻게 대응하고, 더 나은 결과를 창출할 수 있는지에 대한 실질적인 통찰을 제공하기 위해 각 장의 주제를 선정했다. AI와 인간의 협업을 통해 우리는 더 창의적이고 혁신적인 세상을 만들어 나갈 수 있다.

이 책의 내용을 세 개의 주요 그룹으로 분류해 설명하면 다음과 같다. 첫째, 'AI의 감성 이해와 데이터의 힘'이다. 첫 번째 그룹은 AI가 인간의 감성을 이해하고 이를 활용하는 기초적인 개념과 기술을 다룬다. 여기에는 AI의 인간 감성 이해, 감성과 경험 데이터의 힘, 그리고 챗지피티가 감성 분석을 잘하는 이유가 포함된다. 이 부분에서는 AI가 어떻게 인간의 감정을 인식하고 분석하는지, 그리고 이러한 데이터를 어떻게 활용해 보다 정교하고 인간적인 상호 작용을 구현할 수 있는지 설명한다.

둘째, '감성 해석과 사용자 경험'이다. 두 번째 그룹은 감성 데이터를 실제 응용해 사용자 경험을 개선하고 새로운 가치를 창출하는 방법을 다룬다. 이 그룹에는 감정 인식보다 감성 해석의 중요성, 제품 개발과 사용자 경험, 감성 · 경험 기반 AI 마케팅, 그리고 디자인에 생명을 불어넣는 AI가 포함된다. 이 부분에서는 AI가 감성 데이터를 해석해 다양한 산업 분야에서 어떻게 혁신적인 변화를 이끌어 내는지 구체적인 사례를 통해 설명한다.

셋째, '휴머니티 중심의 전략과 데이터 분석'이다. 세 번째 그룹은 AI 기술의 발전이 사회와 인간 중심의 전략에 어떻게 기여하는지를 다룬다. 휴머니티 중심의 AI 전략, AI 시대의 인문학, 그리고 빅 데이터 vs 씩 데이터가 여기에 포함된다. 이 부분에서는 AI가 인간 중심의 접근 방식을 통해 어떻게 더 나은 사회적 가치를 창출할 수 있는지, 그리고 다양한 데이터 분석 기법이 AI의 감성 분석 능력을 어떻게 향상시키는지를 논의한다.

이 책의 본문은 다음의 열 가지 주제에 대한 이야기로 구성되어 있다. AI의 인간 감성 이해, 감성과 경험 데이터의 힘, 챗지피티가 감성 분석을 잘하는 이유, 감정 인식보다 감성 해석의 중요성, 제품 개발과 사용자 경험, 감성 · 경험 기반 AI 마케팅, 디자인에 생명을 불어넣는 AI, 휴머니티 중심의 AI 전략, AI 시대의 인문학, 빅 데이터 vs 씩 데이터의 10개로 구성되어 있다. 각 장에서는 AI가 감성 데이터를 활용하는 다양한 방식을 다룬다.

이 책은 인공지능(AI)과 인간의 감성이 만나는 지점에서 펼쳐지는 혁신의 세계를 탐험하는 여정을 독자들에게 제공한다. AI가 어떻게 인간의 복잡한 감정과 다채로운 경험을 이해하고, 이를 바탕으로 우리의 삶과 산업 전반에 걸쳐 새로운 가치를 창출해 내는지를 심도 있게 파헤친다.

필자는 감성 데이터의 활용이 단순한 기술적 진보를 넘어, 우리 사회의 근본적인 변화를 이끌어 낼 수 있는 잠재력이 크다고 본다. 의료, 교육, 엔터테인먼트, 마케팅 등 다양한 분야에서 AI가 어떻게 인간의 감성을 읽고 반응하며, 이를 통해 어떤 혁신적인 서비스와 제품이 탄생할 수 있는지를 구체적인 사례와 함께 제시한다.

이 책을 통해 독자들은 AI 기술의 현재와 미래에 대한 깊이 있는 이해를 얻을 수 있을 것이다. 더불어 감성 데이터의 활용이 우리의 비즈니스 환경과 일상생활에 미칠 파급력에 대해 새로운 시각을 가질 수 있을 것이다. 이는 단순히 기술 트렌드를 좇는 것을 넘어, 인간과 기계의 상호 작용이 만들어 낼 새로운 패러다임에 대한 통찰을 제공한다.

나아가 이 책은 AI와 감성 데이터 활용에 따른 윤리적 고려 사항과 사회적 영향에 대해서도 균형 잡힌 시각을 제시한다. 이를 통해 독자들은 기술 혁신의 이면에 존재하는 도전 과제들을 인식하고, 보다 책임감 있는 기술 발전의 방향성에 대해 고민해 볼 수 있는 기회를 얻게 될 것이다.

참고문헌

안진호(2024.2.6). 감성데이터도 생성형 AI로 읽는다. 디지털타임스. https://www.dt.co.kr/contents.html?article_no=2024020702102369807001.

Johnson, R. B., & Onwuegbuzie, A. J.(2004). Mixed methods

research: A research paradigm whose time has come. *Educational researcher*, 33(7), pp.14–26.

McDuff, D., & El Kaliouby, R.(2017). Applications of automated facial coding in media measurement. *IEEE transactions on affective computing*, 8(2), pp.148–160.

Picard, R. W.(1997). *Affective computing*. MIT Press.

Zeng, Z., et al.(2009). A survey of affect recognition methods: Audio, visual, and spontaneous expressions. *IEEE transactions on pattern analysis and machine intelligence*, 31(1), pp.39–58.

01
AI의 인간 감성 이해

AI가 인간의 감정을 어떻게 인식하고 이해하는지를 탐구한다. 먼저, AI가 어떻게 인간의 감성을 이해하는지 다양한 기술적 개념과 원리를 설명한다. 다음으로, 감성을 인식하고 분석하는 다양한 구체적인 기술들의 개념과 원리를 제시한다. 마지막으로 인간의 감성에 대한 기술적 접근의 한계를 극복하기 위한 페르소나적 접근의 필요성을 정리했다.

AI와 1인 창업?

인간의 감성을 이해하는 AI

AI가 인간의 감성을 파악하고 분석하는 능력은 현대 기술의 중요한 성과다. 감성과 경험에 관한 데이터는 사용자가 제품이나 서비스와 상호 작용할 때 생성되는 중요한 정보원으로, 이를 통해 기업은 사용자의 반응과 행동을 정확히 이해하고 사용자 중심의 제품 개발과 마케팅 전략을 수립할 수 있다. AI는 텍스트, 음성, 이미지 데이터를 통해 감정을 분석해 제품 개선과 맞춤형 마케팅에 활용한다. 사례로서, 제품 구매 리뷰나 소셜 미디어 글에서 감정을 분석해 피드백을 수집할 수 있다.

AI가 분석하는 데이터는 텍스트 리뷰, 음성 녹음, 이미지 등 다양하다. 이러한 데이터는 AI 알고리즘(AI algorithm)을 통해 분석되어 사용자의 반응과 선호도를 이해하는 데 사용된다. 이를 통해 기업은 제품 개발 과정에서 사용자의 피드백을 반영하고, 맞춤형 마케팅 메시지를 구성할 수 있다. AI의 감성 분석 능력은 브랜드 충성도와 선호도를 평가하는 데 중요한 역할을 하며, 숨은 니즈를 발견하고 이를 반영한 제품과 서비스를 제공해 경쟁력을 강화한다(Liu, 2012).

그러나 감성 분석, 표정 인식, 음성 감정 인식 기술에는 한계가 있다. 감성 분석은 문맥을 완벽히 이해하지 못할 수 있으며, 표정 인식은 문화적 차이로 인해 오해될 수 있다. 음성 감정 인식은 목소리 톤과 억양의 차이를 정확히 해석하지 못할 수 있다. 이러한 한계를 극복하기 위해서는 휴리스틱(heuristic)적 접근이 필요하다. 이는 인간의 직관과 경험을 반영해 기계적 분석을 보완하고, 더 깊이 있는 이해를 가능하게 한다.

디자이너는 제품 테스트 중 사용자 행동을 관찰한 뒤 직관을 반영해 제품을 개선할 수 있으며, 마케터는 피드백과 경험을 바탕으로 마케팅 캠페인을 조정할 수 있다. 알고리즘은 데이터를 체계적으로 분석하고, 휴리스틱적 접근은 인간의 직관과 경험을 반영해 보다 인간적인 이해를 돕는다. 가령, 콜센터에서 고객 음성을 분석할 때, 음성 인식 결과뿐 아니라 상담사의 경험과 직관을 반영해 감정을 정확히 파악하고 대응할 수 있다.

AI는 인간의 감성과 경험을 이해할 수 있지만, 기술의 한계를 극복하고 보다 정확하고 효과적인 분석을 위해서는 휴리스틱적 접근이 필수적이다. 이는 AI와 인간의 협력을 통해 다양한 산업 분야에서 성과를 이끌어 내며, AI 기술의 발전에 중요한 기여를 할 것이다. 이러한 접근법은 AI가 인간의 감정을 더 잘 이해하고, 더욱 인간적인 상호 작용을 가능하게 하는 데 중요한 역할을 할 것이다

(안진호, 2021).

감성을 인식하고, 분석하는 기술들

AI의 발전은 인간의 감성을 이해하고 분석하는 기술의 발전으로 이어졌다. 감성 분석, 표정 인식, 음성 감정 인식은 이러한 기술들 중 핵심적인 역할을 한다. 이 기술들은 데이터를 분석해 인간의 감정을 파악하며, 다양한 산업에서 중요한 활용 가치를 제공한다.

감성 분석은 텍스트 데이터를 분석해 감정을 파악하는 기술이다. 자연어 처리(NLP) 기술을 활용해 텍스트의 문맥과 단어 선택을 분석하고, 긍정적 · 부정적 · 중립적인 감정을 분류한다. 이를 통해 마케터는 소비자 감정을 이해하고 효과적인 마케팅 전략을 수립할 수 있다. 감성 분석은 대량의 텍스트 데이터를 신속하게 처리하며, 실시간으로 소비자 반응을 모니터링하고 대응할 수 있다. 그러나 문맥의 복잡성이나 은유적 표현을 정확히 이해하는 데 한계가 있다(Gunes & Schuller, 2013).

표정 인식은 컴퓨터 비전(computer vision)과 머신러닝(machine learning) 알고리즘을 사용해 얼굴의 특징점을 분석하고 감정을 분류하는 기술이다. 얼굴 이미지나 비디오에서 눈, 코, 입 등의 위치와 움직임을 분석해 감정을 파악한다. 제품 디자인 테스트 중 사용자들의 표정을 분석해 디자인의 만족도를 평가할 수 있다. 표정 인식의 강점은 비언어적 감정 표현을 직접 분석할 수 있다는 점이며, 이를 통해 사용자의 즉각적인 반응을 파악할 수 있다. 그러나 조명, 각도, 얼굴의 가려짐 등 외부 요인에 의해 정확도가 영향을 받을 수 있다.

음성 감정 인식은 음성 데이터를 분석해 화자의 감정을 이해하는 기술이다. 음성의 톤, 속도, 볼륨 등의 특징을 분석해 감정을 분류한다. 콜센터 운영에서 고객의 음성을 실시간으로 분석해 상담사의 대응 전략을 조정하는 것이 좋은 사례다. 음성 감정 인식은 비언어적 단서를 제공하며, 이를 통해 더욱 개인화된 서비스 제공이 가능하다. 그러나 다양한 억양, 방언, 배경 소음 등으로 인해 정확도가 저하될 수 있다.

이러한 감정 인식 기술들은 다양한 산업 분야에서 활용되며, 인간의 감정을 더 잘 이해하고 반영하는 데 중요한 역할을 한다. 감성 분석을 통해 마케팅 전략을 개선하고, 표정 인식을 통해 사용자 경험을 향상시키며, 음성 감정 인식을 통해 고객 서비스 품질을 높일 수 있다. 그러나 이들 기술은 여전히 개선의 여지가 있으며, 더 정확하고 신뢰성 높은 분석을 위해 지속적인 연구와 발전이 필요하다.

AI 기술이 발전하면서 감정 인식 기술은 더욱 정교해지고 있다. 심층 신경망(DNNs)을 활용한 감성 분석은 기존 모델보다 더 높은 정확도를 제공한다. 표정 인식과 음성 감정 인식에서도 딥러닝(deep learning)을 활용한 모델이 적용되어 더 높은 정확도로 감정을 분석할 수 있다(Devi & Kaur, 2015).

감성 분석, 표정 인식, 음성 감정 인식 기술은 AI가 인간의 감정을 이해하는 데 필수적인 도구로 자리 잡고 있다. 이들 기술은 각기 다른 데이터 유형을 분석해 감정을 파악하는 데 사용되며, 다양한 산업에서 중요한 활용 가치를 가진다. 그러나 더 높은 정확도와 신뢰성을 확보하기 위해 지속적인 연구와 발전이 필요하다. 감정 인식 기술의 발전은 AI가 인간의 감정을 더 깊이 이해하고, 더욱 인간적인 상호 작용을 가능하게 하는 데 기여할 것이다.

감정 인식 기술은 앞으로도 다양한 분야에서 발전하고 활용될 전망이다. 스마트 홈 기술에서는 사용자의 감정을 인식해 맞춤형 서비스를 제공하는 시스템이 개발되고 있다. 교육 분야에서도 감정 인식 기술을 활용해 학생들의 학습 경험을 개선할 수 있다. AI의 감정 인식 기술은 감정을 파악하는 것을 넘어, 인간과의 상호 작용을 더욱 자연스럽고 효과적으로 만드는 데 기여한다. 이는 인간 중심의 기술 개발을 가능하게 하며, AI와 인간이 협력해 보다 나은 결과를 도출하는 데 중요한 역할을 할 것이다.

페르소나적 접근의 필요성

현재 AI 기술은 표정, 음성, 생리 신호 등을 통해 순간적인 감정을 파악할 수 있지만, 인간의 복잡한 내면을 완전히 이해하기에는 부족하다. 이러한 한계를 극복하기 위해 페르소나(persona) 개념의 도입과 분석이 중요한 역할을 할 수 있다(Gigerenzer & Brighton, 2009).

페르소나는 특정 상황에서 개인이 보이는 성격, 행동 패턴, 가치관 등을 종합한 가상의 인물 프로필을 의미한다. 이는 복잡한 인간의 특성을 이해하고 분석하는 데 도움을 준다. 페르소나는 단순한 통계적 데이터가 아닌 구체적인 목표와 동기, 좌절과 희망을 가진 실제 인물처럼 묘사된다. 이를 통해 개발자나 마케터들은 추상적인 대상이 아닌 구체적인 인물을 염두에 두고 제품이나 서비스를 설계할 수 있게 된다.

페르소나의 주요 특성으로는 구체성, 맥락성, 다양성을 들 수 있다. 구체성은 실제 인물처럼 상세하게 묘사되는 것을 의미하며, 맥락성은 특정 상황이나 환경에서의 행동 패턴을 포함한다. 다양성은 하나의 개인이 여러 페르소나를 가질 수 있음을 나타낸다.

인간의 감정과 행동은 맥락에 따라 크게 달라질 수 있으며, AI가 이러한 맥락을 이해하지 못한다면 감정을 오독하고 잘못된 판단을 내릴 수 있다. 예를 들어, 같은 미소라도 직장에서와 친구와의 대화 중에는 전혀 다른 의미를 가질 수 있다. 페르소나 접근은 이러한 맥락적 이해를 가능하게 한다.

현대인들은 상황에 따라 다양한 정체성을 표현하는 '멀티 페르소나'를 가지고 있다. 직장, 가정, 온라인에서의 모습이 모두 다를 수 있는 것이다. AI가 이러한 멀티 페르소나를 이해할 수 있다면 더욱 정교하고 개인화된 서비스를 제공할 수 있을 것이다.

'페르소나적 접근'은 고객의 니즈와 행동을 이해하기 위해 가상의 고객 프로필을 만드는 전략이다. 연령, 성별, 직업, 관심사뿐만 아니라 생활 방식, 가치관, 목표, 고민거리 등 다양한 특성을 포함한 상세한 프로필을 통해 각 개인에게 맞춤화된 서비스를 제공할 수 있다.

페르소나 접근의 가치는 크게 세 가지로 요약할 수 있다. 첫째, 공감과 이해의 증진이다. 구체적인 페르소나를 통해 개발자나 마케터들은 사용자의 입장에서 생각하고 느낄 수 있게 된다. 둘째, 효과적인 의사 결정이 가능해진다. 페르소나를 기반으로 한 시나리오 분석을 통해 더 나은 제품 및 서비스 개발 결정을 내릴 수 있다. 셋째, 일관성 있는 사용자 경험을 제공할 수 있다. 페르소나를 중심으로 모든 접점에서 일관된 경험을 설계할 수 있기 때문이다.

여기에 '휴리스틱 접근'을 결합하면 AI는 다양한 상황에서 고객의 행동을 더욱 유연하고 정확하게 예측할 수 있게 된다. 휴리스틱 접근은 경험에 기반한 문제 해결 방식으로, 복잡한 상황에서도 빠르고 효율적인 판단을 가능하게 한다.

이러한 페르소나 이해는 AI가 인간의 복잡한 내면을 더 깊이 이해하고, 상황에 맞는 개인화된 서비스를 제공하는 데 큰 도움이 될 것이다. 더 나아가 AI와 인간의 상호 작용을 훨씬 더 풍부하고 의미 있게 만들 수 있다.

이를 통해 AI와 인간의 관계는 더욱 깊어지고, 우리의 삶은 한층 더 풍요로워질 수 있다(Zeng et al., 2009). 앞으로의 AI 개발에서 페르소나 이해는 단순한 기술적 과제를 넘어 인간의 본질에 대한 깊은 통찰을 요구하는 중요한 과제가 될 것이다. 이는 궁극적으로 기술과 인간성의 조화로운 발전을 이끌어 내는 핵심 요소가 될 것이다.

참고문헌

안진호(2021.6.23). 빅 데이터 틈새 전략, 초개인화. 디지털타임스. https://www.dt.co.kr/contents.html?article_no=2021062402102369073001

Devi, S. L., & Kaur, D.(2015). Facial expression recognition using deep learning: A review. *International journal of computer science and information technologies*, 6(6), pp.5331-5334.

Gigerenzer, G., & Brighton, H. (2009). Homo Heuristicus: Why Biased Minds Make Better Inferences. Topics in Cognitive Science, 1(1), 107-143.

Gunes, H., & Schuller, B.(2013). Categorical and dimensional affect analysis in continuous input: Current trends and future directions. *Image and vision computing*, 31(2), pp.120-136.

Liu, B.(2012). Sentiment analysis and opinion mining. *Synthesis lectures on human language technologies*, 5(1), pp.1-167.

Zeng, Z., et al.(2009). A survey of affect recognition methods: Audio, visual, and spontaneous expressions. *IEEE transactions on pattern analysis and machine intelligence*, 31(1), pp.39-58.

02
감성과 경험 데이터의 힘

AI 시대에 감성과 경험 데이터가 왜 중요한가? 감성과 경험에 관한 데이터가 가지는 힘과 이 데이터가 비즈니스 결정, 디자인, 마케팅, 고객 서비스에 어떻게 중요한 영향을 미치는지를 설명한다. 소비자의 마음을 읽을 수 있는 감성 데이터의 개념과 사용자의 행동을 분석할 수 있는 경험 데이터에 대해서 정리했다.

AI와 MBTI?

감성과 경험 데이터의 힘

디지털 시대에 감성과 경험 데이터는 비즈니스에서 중요한 역할을 한다. 감성 데이터는 고객의 감정적 반응을 기록하고, 경험 데이터는 고객의 행동과 사용 패턴을 분석한다. 이러한 데이터는 제품 개발, 마케팅 전략, 고객 서비스에서 중요한 안목을 제공한다(Gentsch, 2018).

감성 데이터는 고객이 제품이나 서비스를 이용할 때 느끼는 감정을 포착한다. 헬스케어 분야에서 앱 사용자가 운동 기록 기능을 사용할 때의 감정을 분석해 더 만족스러운 기능을 개발할 수 있다. 이는 감정 인식, 표정 분석, 음성 톤 분석 등을 통해 수집된다. 경험 데이터는 고객의 행동과 사용 패턴을 분석해 사용자 경험을 개선하고 유지율을 높이는 데 활용된다. 유튜브의 경우에는 사용자의 시청 패턴과 선호도를 분석해 맞춤형 동영상 추천 알고리즘을 제공 및 개선하고 있다. 경험 데이터는 웹 로그 분석, 사용자 인터페이스 테스트, 행동 분석 도구 등을 통해 수집되며, 사용자 인터뷰나 설문 조사 등도 중요한 역할을 한다.

감성 · 경험 데이터는 기업이 고객의 요구와 감정을 이해하도록 돕는다. 이를 통해 더 나은 제품을 개발하고 효과적인 마케팅 전략을 세울 수 있다. 넷플릭스의 경우에는 고객의 시청 기록과 취향을 분석한 뒤 개인화된 추천 서비스를 제공해 고객 만족도를 높인다. 감성 · 경험 데이터는 대개 비정형 데이터로, 텍스트 · 이미지 · 비디오 등 다양한 형태로 존재한다. 이를 분석하기 위해서는 자연어 처리와 머신러닝 등의 기술이 필요하다(Pantano & Timmermans, 2014).

데이터 중심의 접근은 고객 만족도를 높이고 비즈니스 성과를 극대화하는 데 중요한 역할을 한다. 아마존(Amazon)은 고객의 구매 기록과 검색 패턴을 분석해 개인화된 추천 시스템을 제공한다. 감성과 경험 데이터를 효과적으로 활용하는 기업은 경쟁에서 유리한 위치를 차지할 수 있다. 그러나 개인 정보 보호와 데이터 정확성 문제 등의 도전 과제가 있다. 이를 극복하기 위해 다양한 데이터 소스를 활용하고 데이터의 질을 높이는 노력이 필요하다.

감성 데이터: 소비자의 마음을 읽다

감성 데이터는 사람들이 특정 상황이나 제품, 서비스를 경험하면서 느끼는 감정에 대한 정보를 포함한다. 이는 개인의 경험에서 비롯된 긍정적 또는 부정적 감정을 포착해 분석한다. 가령, 커피를 마시면서 느끼는 행복감도 감성 데이터에 속한다(Plutchik, 2001). 감성 데이터는 디자이너가 제품의 감성적 요소를 강화하는 데 중요한 역할을 한다. 특정 색상이나 디자인 요소가 긍정적 감정을 유발한다면 이를 제품 디자인에 반영해 사용자 만족도를 높일 수 있다.

감성 데이터는 주로 감정 분석 툴이나 자연어 처리 기술을 활용해 수집된다. 소셜 미디어에서 고객의 감정적 피드백을 분석하거나, 고객 리뷰를 통해 감정적 반응을 파악할 수 있다. 이를 통해 기업은 실시간으로 고객 반응을 모니터링하고 즉각적으로 대응할 수 있다(Stieglitz, et al., 2014).

마케터는 감성 데이터를 활용해 감정적으로 반응하는 마케팅 캠페인을 설계할 수 있다. 이를테면, 행복·만족·신뢰 같은 긍정적 감정을 유도하는 스토리텔링이나 비주얼 요소를 강조해 고객 참여와 만족도를 높일 수 있다. 또한 고객의 감정을 자극하는 광고나 프로모션을 통해 제품에 대한 긍정적 이미지를 강화하고 브랜드 충성도를 높일 수 있다.

감성 데이터는 고객의 감정적 반응을 파악해 제품을 개선하거나 마케팅 전략을 조정하는 데 유용하다. 이를 통해 기업은 감정적 연결을 강화하고 고객 충성도를 높일 수 있다. 사례로서, 고객이 특정 제품에 불만을 표출하는 패턴을 감지하면, 기업은 신속히 문제를 개선할 수 있다. 반대로, 긍정적 반응을 보이는 요소를 강조해 마케팅 전략을 세울 수도 있다.

감성 데이터는 고객의 감정뿐 아니라 전반적인 시장 동향 파악에도 유용하다. 특정 계절이나 이벤트에 따라 감정이 어떻게 변화하는지 분석해 시즌별 마케팅 전략을 세울 수 있다. 감성 데이터의 중요성은 여러 연구에서 입증되었으며, 이를 효과적으로 활용하면 매출 증가와 고객 충성도 향상을 동시에 달성할 수 있다.

감성 데이터의 수집과 분석에는 한계도 존재한다. 감정은 주관적이기 때문에 동일한 경험에 대해 사람마다 다른 감정을 느낄 수 있다. 또한, 소셜 미디어나 리뷰와 같은 데이터 소스는 전체 고객의 감정을 대표하지 못하고 일부 고객의 의견만 반영할 수 있다. 이를 극복하기 위해 다양한 데이터 소스를 활용하고 지속적으로 데이터를 업데이트하며, 정교한 분석 기법을 적용해야 한다.

경험 데이터: 사용자의 행동을 분석하다

경험 데이터는 사용자가 특정 상황에서 나타내는 행동과 태도를 포함한다. 이는 사용자의 감정, 행동 패턴, 선호도 등을 구체적으로 파악하는 데 중요하다. 예를 들어, 평소에는 선호하지 않던 자판기 커피를 식사 후에는 맛있게 느끼는 경우, 이는 사용자의 경험이 특정 상황에서 어떻게 변화하는지를 보여 준다. 경험 데이터는 사용자 중심의 제품 개발과 마케팅 전략 수립에 활용된다.

경험 데이터를 수집하는 가장 효과적인 방법은 직접적인 질적 조사 방식이다. 관찰 조사와 인터뷰는 이러한 방식의 대표적인 예로, 참여자의 실제 경험과 감정을 깊이 이해할 수 있게 한다. 관찰 조사는 자연스러운 환경에서 행동을 기록해 실질적인 인사이트를 제공하며, 인터뷰는 개별의 목소리를 직접 듣고 숨겨진 니즈와 감정을 파악하는 데 유용하다. 이러한 접근은 단순한 수치 이상의 풍부한 데이터를 제공하며, 심층적인 분석과 더 나은 사용자 경험 설계를 가능하게 한다.

경험 데이터를 효과적으로 활용하면 다양한 이점을 얻을 수 있다. 사용자 인터페이스 디자인에서 경험 데이터를 활용해 더 직관적이고 편리한 디자인을 만들 수 있다. 이는 사용자의 행동 패턴을 분석해 이루어진다. 마케터는 경험 데이터를 통해 고객의 행동을 예측하고, 특정 상황에서 더 효과적인 마케팅 전략을 수립할 수 있다. 일례로, 특정 시간대나 장소에서 고객의 구매 행동을 분석해 타깃 마케팅을 실행할 수 있다.

경험 데이터의 활용은 단순히 데이터를 수집하는 것에 그치지 않고, 이를 기반으로 한 접근 방식을 통해 이루어진다. 고객의 진짜 요구를 이해하고 그에 맞춘 제품 개발과 마케팅 전략을 세우는 데 필수적이다. 데이터 분석을 통해 얻은 통찰은 제품 개선, 마케팅 효율성 증대, 고객 만족도 향상 등 다양한 비즈니스 목표를 달성하는 데 기여할 수 있다.

경험 데이터는 다양한 분야에서 활용될 수 있다. 예를 들어, 소매업에서는 고객의 쇼핑 경험 데이터를 분석해 맞춤형 상품 추천과 마케팅 전략을 개발할 수 있다. 공공 서비스 분야에서는 시민들의 서비스 이용 패턴과 피드백을 분석해 더 효율적이고 만족스러운 공공 서비스를 제공할 수 있다. 스포츠 분야에서는 선수들의 훈련과 경기 경험 데이터를 분석해 개인별 맞춤형 훈련 프로그램을 설계하고, 경기 전략을 최적화할 수 있다(Chaffey & Ellis-Chadwick, 2019). 그러나 경험 데이터의 활용에는 개인 정보 침해 문제와 데이터 정량화의 어려움 등 한계점이 존재한다. 이를 극복하기 위해 최신 기술을 활용한 정교한 분석이 필요하다.

경험 데이터의 활용은 앞으로도 더욱 확대될 전망이

다. 기술의 발전과 함께 데이터 수집과 분석 방법이 더욱 정교해지면서 경험 데이터의 활용 범위도 넓어질 것이다. 이는 기업이 더 나은 제품과 서비스를 제공하고, 고객 만족도를 높이는 데 기여할 것이다. 결국 경험 데이터의 활용은 기업의 경쟁력을 높이고 지속 가능한 성장을 이루는 데 중요한 요소가 될 것이다(Poria et al., 2017).

참고문헌

Chaffey, D., & Ellis-Chadwick, F.(2019). *Digital marketing: Strategy, implementation and practice*. Pearson.

Gentsch, P.(2018). *AI in marketing, sales and service: How marketers without a data science degree can use AI, big data and bots*. Springer.

Pantano, E., & Timmermans, H.(2014). What is smart for retailing?. *Procedia environmental sciences*, 22, pp.101-107.

Plutchik, R.(2001). The nature of emotions. *American scientist*, 89(4), pp.344-350.

Poria, S., et al.(2017). A review of affective computing: From unimodal analysis to multimodal fusion. *Information fusion*, 37, pp.98-125.

Stieglitz, S., et al.(2014). Social media analytics: An interdisciplinary approach and its implications for information systems. *Business & information systems engineering*, 6(2), pp.89-96.

03
챗지피티가 감성 분석을 잘하는 이유

왜 챗지피티가 감성 분석을 잘할 수 있을까? 챗지피티는 대규모 데이터 훈련을 통해 다양한 언어 패턴과 감정 표현을 학습했기 때문이다. 그래서 텍스트에서 미묘한 감성을 분석할 수 있다. 이번 장에서는 그 핵심이 되는 방대한 데이터와 트랜스포머 모델을 정리했고, 맞춤형 경험 제공 방식에 대해서 설명한다.

AI와 난임 극복?

방대한 데이터와 트랜스포머 모델

챗지피티(ChatGPT)는 방대한 학습 데이터와 트랜스포머(transformer) 모델을 기반으로 감성 분석에서 뛰어난 성능을 발휘한다. 트랜스포머 모델은 문장 내 단어들 간의 관계를 이해하고 문맥을 파악하는 데에서 뛰어난 능력을 발휘한다. 트랜스포머 모델의 핵심은 셀프 어텐션(self- attention) 메커니즘으로, 이는 문장 내 모든 단어가 서로 어떤 관계를 맺고 있는지 파악하는 데 사용된다. (Vaswani et al, 2017).

챗지피티는 대규모 데이터 세트로부터 학습해 이러한 능력을 더욱 강화한다. 이 학습 데이터에는 수많은 문서, 대화, 소셜 미디어 게시물 등이 포함되며, 이들은 사람들의 다양한 감정과 경험을 담고 있다. 영화 리뷰, 제품 평가, 개인 블로그 글 등에서 사용된 감정 표현을 학습하면서 챗지피티는 감정의 미묘한 변화를 인식하는 능력을 갖추게 된다. 이는 챗지피티가 감성 분석에서 뛰어난 성능을 발휘하는 주요 요인 중 하나다.

챗지피티의 개발사인 오픈에이아이(OpenAI)는 구체적인 데이터의 규모, 수집 방식, 범주를 밝히지 않았지만, 방대한 데이터 학습을 통해 언어와 감정 표현을 깊이 이해할 수 있는 능력을 확보하게 되었다. 이를 통해 챗지피티는 다양한 감정 상태를 포착하고 분석할 수 있는 능력을 갖추게 되었으며, 이는 여러 분야에서 활용될 수 있다.

챗지피티는 감성 분석뿐만 아니라, 사용자 경험의 맥락을 정확히 이해하는 데 매우 유용하다. 트랜스포머 모델은 문장 내에서 '하지만'과 같은 전환어가 감정의 전환을 어떻게 유도하는지를 효과적으로 파악할 수 있다. 이는 사용자 인터페이스 설계에서 중요한 역할을 한다. 사용자가 웹사이트나 애플리케이션을 이용하는 동안 느끼는 감정을 분석해, 사용자가 더 편안하고 긍정적인 경험을 할 수 있도록 사용자 인터페이스를 개선할 수 있다(안진호 · 정욱환, 2024).

챗지피티의 감성 분석 능력은 또한 소셜 미디어 모니터링에서도 큰 역할을 한다. 기업은 소셜 미디어상의 소비자 반응을 실시간으로 모니터링하고, 이를 바탕으로 빠르게 대응할 수 있다. 특정 제품에 대한 부정적인 반응이 증가할 경우, 이를 신속히 파악하고 문제를 해결하기 위한 조치를 취할 수 있다. 이는 기업의 브랜드 이미지 관리와 소비자 만족도 향상에 중요한 역할을 한다.

챗지피티는 감성 분석을 통해 다양한 분야에서 혁신을 가져올 수 있는 잠재력을 지니고 있다. 그러나 이러한 기술이 완벽한 것은 아니다. 챗지피티의 감성 분석 능력은 학습 데이터의 품질과 다양성에 크게 의존한다. 만약 학습 데이터가 특정 감정이나 경험을 충분히 반영하지 못한다면, 모델의 분석 결과도 제한적일 수 있다. 따라서 지속적인 데이터 업데이트와 모델 개선이 필요하다.

또한, 챗지피티의 감성 분석 결과를 활용하는 데서 윤리적인 고려도 필요하다. 소비자의 감정을 분석해 맞춤형 광고를 제공하는 경우, 이는 소비자의 프라이버시를 침해할 가능성이 있다. 따라서 기업은 감성 분석 기술을 활용하는 경우엔 윤리적이고 투명한 접근이 필요하다.

챗지피티는 방대한 학습 데이터와 트랜스포머 모델을 통해 감성 분석에서 뛰어난 성능을 발휘한다. 이를 통해 디자이너, 마케터, 사용자 경험 전문가 등이 사용자 경험을 향상시키고 효과적인 마케팅 전략을 수립하며, 소셜 미디어 모니터링을 강화할 수 있다. 그러나 이러한 기술의 한계와 윤리적 문제를 인식하고, 지속적인 개선과 책임 있는 활용이 필요하다. 챗지피티는 앞으로도 다양한 분야에서 혁신을 가져올 잠재력을 지니고 있으며, 이를 통해 더 나은 사용자 경험과 소비자 만족도를 제공할 수 있을 것이다(Cambria et al., 2013).

맞춤형 경험 제공

챗지피티는 소비자의 행동과 반응을 예측하는 데 유용하다. 감정 분석을 통해 어떤 마케팅 메시지와 디자인 요소가 긍정적인 반응을 이끌어 낼 수 있는지 파악한다(Hutto & Gilbert, 2014). 이는 소셜 미디어의 리뷰와 댓글을 분석해 제품 감정을 이해하고, 이를 바탕으로 제품 개선과 마케팅 전략을 세운다.

특정 제품에 부정적 리뷰가 많다면 문제를 개선하고 새로운 마케팅 전략을 수립할 수 있다. 챗지피티는 개인 맞춤형 경험 제공에도 활용된다. 감정 데이터를 분석해 개인의 취향에 맞춘 추천 시스템을 구축하고, 맞춤형 마케팅 전략을 통해 고객 만족도를 높일 수 있다.

챗지피티는 AI가 '인간의 마음'을 이해하고 활용하는 대표적인 사례다. 대규모 데이터 세트 학습과 트랜스포머 모델을 통해 텍스트 속 미묘한 감정까지도 정확히 분석한다. 이는 사용자 피드백을 실시간으로 분석해 제품 디자인과 기능을 지속적으로 개선할 수 있게 한다. 마케터는 감성 데이터를 통해 소비자 행동을 예측하고 개인화된 마케팅 메시지로 높은 참여도를 이끌어 낼 수 있다. 특정 소비자 그룹이 선호하는 디자인 요소를 파악해 제품 개발에 반영하거나 맞춤형 광고 캠페인으로 소비자의 관심을 끌 수 있다.

챗지피티는 사용자의 감정 상태를 실시간으로 분석해 보다 정교한 응답을 제공하고, 사용자와의 대화에서 더 자연스럽고 유용한 상호 작용을 가능하게 한다. AI와 인간의 협업을 통해 더욱 창의적이고 사용자 중심적인 접근을 실현할 수 있으며, 이는 기업의 성장과 성공에 중요한 역할을 한다. 챗지피티의 감성 분석 능력은 앞으로 더욱 발전해 다양한 산업 분야에서 새로운 기회를 창출할 것이다.

디자이너는 챗지피티를 활용해 사용자 피드백을 실시간으로 분석하고 이를 바탕으로 제품의 디자인과 기능을 개선할 수 있다. 마케터는 감성 데이터를 통해 소비자 행동을 예측하고 개인화된 마케팅 메시지로 더 높은 참여도를 이끌어 낼 수 있다. 챗지피티가 제공하는 가능성은 창의적 작업에 새로운 지평을 열어 준다. AI와 인간의 협업을 통해 창의적이고 혁신적인 제품과 서비스를 개발할 수 있으며, 이는 사용자 중심의 설계와 새로운 가치 창출에 중요한 역할을 한다.

챗지피티의 감성 분석 능력은 방대한 학습 데이터와 트랜스포머 모델의 문맥 이해 능력에서 비롯된다. 이 능력은 디자이너와 마케터가 사용자 감정을 정확히 이해해 혁신적인 제품과 서비스를 개발하는 데 도움이 된다. AI와 인간의 협업을 통해 창의적이고 사용자 중심적인 접근을 실현할 수 있으며, 이는 기업의 지속적인 성장과 성공에 중요하다. 챗지피티의 감성 분석 능력은 앞으로 더욱 발전해 다양한 산업 분야에서 새로운 기회를 창출할 것이다.

참고문헌

안진호·정욱환(2024). 생성형AI의 환각현상 최소화를 위한 요인 탐색 연구: 소비자의 감성·경험 분석을 중심으로. ≪서비스 연구≫, 14(1), 77-90쪽.

Cambria, E., et al.(2013). New avenues in opinion mining and sentiment analysis. *IEEE intelligent systems*, 28(2), pp.15-21.

Hutto, C. J., & Gilbert, E.(2014). VADER: A parsimonious rule-based model for sentiment analysis of social media text. *Proceedings of the international AAAI conference on web and social media*, 8(1).

Vaswani, A., et al.(2017). Attention is all you need. *Advances in neural information processing systems*, 30, pp.5998-6008.

04
감정 인식보다 감성 해석의 중요성

왜 감정 인식보다 감성 해석이 중요한지를 설명한다. 단순한 감정 인식을 넘어서 감성 해석의 중요성에 초점을 맞춘다. 먼저, 감정 인식의 한계를 짚어 본다. 다음으로 감성 해석의 필요성에 대해서 쉬운 설명과 사례를 제시한다. 마지막으로 새로운 가치를 창출하는 감성 해석을 위한 기술과 인문학의 융합 필요성에 대해서 설명한다.

AI와 사주?

감정 인식의 한계

감정 인식(emotion recognition)은 텍스트, 음성, 표정 등의 데이터를 분석해 기쁨, 슬픔, 분노 등의 기본적인 감정을 파악하는 기술이다. 이는 고객 서비스 챗봇이나 사용자 경험 디자인 등 다양한 분야에서 활용될 수 있다. 예를 들어, 고객 서비스 챗봇은 사용자의 불만을 감지하고 이를 해결하기 위한 대처 방안을 제시할 수 있다. 그러나 이러한 기술적 분석만으로는 사용자의 깊은 감정과 경험을 완전히 이해하기 어렵다. 감정의 맥락과 의미를 파악하는 과정이 필요하기 때문이다(Poria et al., 2017).

AI와 기계 학습 기술의 발전으로 감정 인식 기술은 빠르게 발전하고 있다. AI는 머신러닝 알고리즘과 자연어 처리 기술을 사용해 패턴을 식별하고, 이를 바탕으로 감정을 예측하는 모델을 구축할 수 있다. 그러나 이러한 모델은 주로 표면적인 감정 상태를 인식하는 데 그친다. 이는 감정이 맥락 없이 단편적으로 분석될 수 있음을 의미한다. 또한, 감정 표현은 문화적 배경과 개인의 성향에 따라 다르게 나타날 수 있다. 같은 상황에서도 한국인과 미국인이 표현하는 슬픔의 정도나 방식은 다를 수 있다. 감정을 표현하는 방식도 개인마다 차이가 있어, 이를 무시하고 일률적으로 감정을 인식하려는 시도는 부정확한 결과를 초래할 수 있다. 따라서 감정 인식 기술은 다양한 문화적 배경과 개인적 특성을 고려한 맞춤형 접근이 필요하다(Ekman, 1992).

또한, 감정 인식 기술은 사용자의 사생활 침해 가능성을 내포하고 있다. 감정을 인식하기 위해서는 사용자의 다양한 데이터를 수집하고 분석해야 하는데, 이는 개인 정보 보호 문제를 야기할 수 있다. 특히, 음성이나 얼굴 표정 데이터를 분석하는 과정에서 사용자의 사생활이 노출될 위험이 있다. 따라서 감정 인식 기술을 개발하고 활용할 때는 개인 정보 보호를 위한 철저한 관리와 보안 대책이 필요하다.

감정 인식 기술의 한계를 극복하기 위해서는 감정의 맥락을 이해하고, 다양한 문화적 배경과 개인적 차이를 반영하며, 개인 정보를 철저히 관리하는 접근이 필요하다. 감정 인식 기술이 발전함에 따라, 이를 통해 인간의 감정을 더 깊이 이해하고 더 나은 서비스를 제공할 수 있을 것이다. 그러나 이 과정에서 사용자의 사생활 보호와 윤리적 문제를 간과해서는 안 된다.

감성 해석의 필요성

감성 해석(sentiment analysis)은 감정의 맥락을 이해하고 그 의미를 해석하는 과정으로, 단순히 감정을 분류하는 것을 넘어 그 감정이 발생한 배경과 그로 인해 파생되는 의미를 파악하는 데 중점을 둔다. 예를 들어, 고객 리뷰에서 "이 제품은 괜찮아요, 하지만 더 나은 기능이 있었으면 좋겠어요"라는 문장을 분석할 때, 표면적으로는 긍정적인 평가처럼 보이지만 실제로는 추가적인 기능에 대한 요구가 내포되어 있다.

감성 해석은 다양한 분야에서 활용될 수 있다. 제품 디자이너는 감성 해석을 통해 사용자 경험을 향상시킬 수 있는 심층적인 통찰을 얻고, 마케터는 소비자의 잠재적인 요구를 파악해 맞춤형 마케팅 전략을 수립할 수 있다. 이는 고객과의 깊은 공감대를 형성하고 장기적인 충성도를 높이는 데 기여한다.

디자인 씽킹(design thinking)은 인간 중심의 혁신을 추구하는 방법론으로, 감성 해석은 이러한 디자인 씽킹의 핵심 요소로 작용한다. 사용자의 감정을 정확히 이해하고, 그로부터 얻은 깨달음을 제품 개발에 반영하면 더욱 사용자 친화적인 제품이 탄생할 수 있다(Norman, 2004). 예를 들어, 감성 해석을 통해 사용자가 특정 상황에서 불편함을 느끼는 이유를 파악할 수 있다. 이러한 통찰은 디자이너와 기획자가 제품의 기능을 개선하고, 사용자가 직면하는 문제를 근본적으로 해결할 수 있는 아이디어를 도출하는 데 도움을 준다.

감성 해석의 또 다른 장점은 맞춤형 솔루션을 제공할 수 있다는 점이다. 예를 들어, 특정 제품에 대한 긍정적인 감정을 유발하는 요소를 파악해 이를 강조한 마케팅 전략을 수립할 수 있다. 반대로, 부정적인 감정을 유발하는 요인을 제거하거나 개선함으로써 소비자의 불만을 해소할 수 있다.

감성 해석은 또한 데이터 기반의 의사 결정을 지원한다. AI를 활용해 감성 데이터를 분석하고, 이를 바탕으로 객관적인 안목을 도출할 수 있다. 이는 직관에 의존한 의사 결정보다 더욱 정확하고 신뢰할 수 있는 결과를 제공한다. 예를 들어, 감성 데이터를 분석해 특정 제품의 디자인 변경이 소비자에게 미치는 영향을 사전에 예측할 수 있다.

그러나 감성 해석에도 한계가 존재한다. 감성 데이터는 매우 복잡하고, 이를 정확하게 해석하는 것은 쉽지 않다. 또한, 감성 해석의 결과는 항상 정확하지 않을 수 있다. 감정은 주관적이고, 다양한 요인에 의해 영향을 받기 때문이다. 따라서 감성 해석을 위한 데이터 수집과 분석 과정에서는 높은 수준의 전문성이 요구된다.

기술과 인문학의 융합

감정 인식보다 감성 해석이 중요한 이유는 단순한 감정 분류를 넘어 감정의 원인과 그로 인한 행동 변화를 이해하고, 이를 통해 더 깊이 있는 고객 인사이트를 제공하기 때문이다. 감정 데이터를 인식하고 분류하는 것에서 그치지 않고, 그 감정을 유발하는 요인과 그로 인해 발생하는 잠재적 니즈를 파악하는 데 집중하는 것이 핵심이다.

AI는 소셜 미디어나 다양한 고객의 피드백 데이터에서 감정 데이터를 수집해 소비자들이 특정 제품에 대해 어떻게 느끼는지 분석할 수 있다. 이러한 데이터는 단순한 감정 인식 수준을 넘어 소비자의 깊은 감정을 이해하는 데 활용된다. 소비자들이 제품에 대해 긍정적이거나 부정적인 감정을 느끼는 이유를 파악함으로써 제품의 디자인과 기능을 개선할 수 있다.

감성 해석의 중요성은 인문학적 접근과 디자인 씽킹의 융합에서 비롯된다. 디자인 씽킹은 사용자 중심의 문제 해결 방법론으로, 사용자의 숨겨진 니즈를 발견하고 이를 해결하는 창의적인 방법을 제시한다. 감성 해석은 이러한 접근을 결합해, 단순한 기술적 분석을 넘어서는 창의적이고 혁신적인 제품과 서비스를 개발하는 데 기여한다.

예를 들어, 감성 해석을 통해 사용자가 특정 상황에서 불편함을 느끼는 이유를 파악할 수 있다. 이는 단순한 불편함의 원인을 넘어, 그 불편함이 사용자에게 미치는 영향을 이해하는 데까지 나아간다. 이러한 통찰은 디자이너와 기획자가 제품의 기능을 개선하고, 사용자가 직면하는 문제를 근본적으로 해결할 수 있는 아이디어를 도출하는 데 도움을 준다.

감성 해석을 통해 우리는 더 창의적이고 혁신적인 제품과 서비스를 개발할 수 있으며, 이는 마케터, 기획자, 디자이너들이 AI를 활용하여 새로운 가치를 창출하는 데 핵심적인 역할을 한다.

감성 해석은 기술과 인문학의 융합을 통해 사용자 중심의 혁신을 이끌 수 있는 중요한 도구다. 이는 감정 인식보다 한 단계 더 나아가, 사용자 경험을 근본적으로 개선하고 맞춤형 솔루션을 제공할 수 있는 가능성을 열어준다. 이와 같은 감성 해석의 중요성은 앞으로도 지속적으로 강조될 것이며, 이는 기술과 인문학이 결합된 새로운 패러다임의 등장을 예고한다(Zeithaml, et al., 2006).

참고문헌

Barrett, L. F., & Russell, J. A.(1998). Independence and bipolarity in the structure of current affect. *Journal of personality and social psychology*, 74(4), pp.967–984.

Brown, E., & Cairns, P.(2004). A grounded investigation of game immersion. In *CHI'04 extended abstracts on human factors in computing systems*(pp.1297–1300).

Calvo, R. A., & D'Mello, S.(2010). Affect detection: An interdisciplinary review of models, methods, and their applications. *IEEE transactions on affective computing*, 1(1), pp.18–37.

Ekman, P.(1992). An argument for basic emotions. *Cognition and emotion*, 6(3–4), pp.169–200.

Norman, D. A.(2004). *Emotional design: Why we love (or hate) everyday things*. New York, NY: Basic Books.

Poria, S., et al.(2017). A review of affective computing: From unimodal analysis to multimodal fusion. *Information fusion*, 37, pp.98–125.

Zeithaml, V. A., et al.(2006). *Services marketing: Integrating customer focus across the firm*. New York, NY: McGraw–Hill.

05
제품 개발과 사용자 경험

제품 개발에서 사용자 경험이 왜 중요한지를 중점적으로 다룬다. 그 중요성이 커지고 있는 사용자 경험 기반의 제품 개발에 대해서 설명하고, 사용자 개개인의 특성을 분석하고 맞춤형 제품 설계를 가능하게 하는 전략을 정리했다. 마지막으로 현대 비즈니스 환경에서 전략적 방향 설정에 중요한 사용자 경험의 가치를 통해 기업의 미래 먹거리 전략 차원에서 설명한다.

AI와 아이돌?

사용자 경험 기반의 제품 개발

AI의 발전은 다양한 산업에서 혁신적인 변화를 가져오고 있다. 특히 제품 개발에서 사용자 경험(user experience, UX)의 중요성은 날로 커지고 있다. 사용자 경험은 단순한 기능적 만족을 넘어 감정적·심리적 만족까지 포함하는 포괄적인 개념으로 자리 잡고 있으며, 제품의 성공 여부를 결정짓는 핵심 요소로 부상하고 있다. 이런 경우에 감정적 만족은 사용자가 제품을 사용할 때 느끼는 즐거움, 편안함, 자부심 등을 포함하고, 심리적 만족은 사용자가 제품 사용으로 인해 얻는 성취감이나 스트레스 감소 등을 포함한다. 따라서 AI는 이러한 사용자 경험을 최적화하는 데 필수적인 역할을 한다.

사용자 경험은 사용자가 제품이나 서비스를 이용하는 전체적인 경험을 의미하며, 사용의 용이성, 감정적 만족, 브랜드 신뢰도 등이 포함된다. 이를 최적화하기 위해서는 사용자 데이터를 철저히 분석하고 이해하는 것이 필수적이다. AI는 방대한 사용자 데이터를 분석해 소비자의 행동 패턴과 선호도를 이해하는 데 강력한 도구로 활용된다. 예를 들어, AI는 사용자 리뷰와 피드백을 분석해 제품의 강점과 약점을 파악하고 이를 바탕으로 디자인과 기능을 개선함으로써 사용자의 만족도를 높일 수 있다(Dey et al., 2020).

또한, 마케팅과 상품 기획 담당자는 실시간으로 사용자 피드백을 반영할 수 있다. 이를 통해 제품 개발 과정에서 발생할 수 있는 문제를 줄이고, 시장의 변화에 빠르게 대응할 수 있다. 특정 기능에 대한 부정적인 의견이 많다면, 그 기능을 개선하거나 제거하는 등의 조치를 취할 수 있다. 사용자 피드백 시스템은 리스크를 최소화하고 시장의 변화에 신속히 대응할 수 있게 하며, 이는 제품의 성공 가능성을 높이고 장기적으로 브랜드 신뢰도를 강화한다(Hassenzahl, 2010).

AI는 사용자의 선호도와 행동 패턴을 기반으로 개인에게 최적화된 제품이나 서비스를 제공하는 데 유용하다. 이는 사용자 만족도를 크게 향상시키며, 개인 정보 보호를 위해 강력한 보안 시스템을 구축해야 한다. 또한, AI의 분석 결과가 항상 정확한 것은 아니므로 양질의 데이터를 지속적으로 제공해야 한다(Russel & Norvig, 2020).

맞춤형 제품 설계

AI는 다양한 데이터 소스를 활용해 사용자 개개인의 특성을 분석하고 맞춤형 제품 설계를 가능하게 한다. 구매 이력, 검색 기록, 소셜 미디어 활동 등을 종합적으로 분석해 사용자 취향을 정확하게 파악한다. 이러한 데이터 분석은 사용자의 감정적 만족과 고객 충성도에 직접적으로 영향을 미친다. 높은 사용자 경험을 제공하는 제품은 반복 구매와 긍정적인 구전을 통해 시장에서의 위치를 강화할 수 있다(Gentsch, 2018).

디자이너는 이러한 데이터를 바탕으로 사용자의 요구와 선호에 맞춘 제품을 설계할 수 있다. 패션 디자이너는 고객의 체형, 선호 색상, 스타일을 분석해 개인 맞춤형 의상을 제작할 수 있고, 전자 제품 분야에서도 고객의 사용 패턴을 분석해 최적의 기능을 갖춘 제품을 설계할 수 있다. 전자 상거래 사이트는 고객의 이전 구매 기록과 검색 패턴을 분석해 맞춤형 추천 제품을 제안한다. 이는 고객이 원하는 제품을 쉽게 찾도록 도와주며, 만족도를 높인다.

AI는 기존 마케팅 및 제품 설계 방식을 혁신했다. AI는 개별 고객 데이터를 분석해 개인 맞춤형 전략을 수립한다. 예를 들어, 아마존은 고객의 구매 이력과 검색 기록을 분석해 개인 맞춤형 추천 시스템을 제공한다. 이는 고객이 원하는 제품을 빠르게 찾도록 도와주며, 구매 만족도를 높인다(Chui et al., 2018).

AI는 소비자의 변화하는 요구를 신속하게 파악하고

대응하는 데도 도움이 된다. 예를 들어, 패션 업계에서는 AI가 소셜 미디어 등의 데이터를 분석해 최신 트렌드를 파악하고 이를 제품 설계에 반영할 수 있다. 그러나 AI를 활용한 맞춤형 제품 설계에는 개인 정보 보호 문제가 있다. 기업은 철저한 보안 대책을 마련해야 하며, AI의 분석 결과가 항상 정확한 것은 아니므로 분석 결과를 신중하게 검토하고 필요한 경우 수정해야 한다.

AI를 활용한 맞춤형 제품 설계는 앞으로 더욱 발전할 가능성이 크다. 기술의 발전과 함께 AI의 분석 능력도 향상되어 더 정확하고 정교한 맞춤형 제품 설계가 가능해질 것이다. AI는 맞춤형 제품 설계에서 중요한 도구로 자리 잡고 있으며, 사용자 데이터를 분석해 개별 사용자의 취향과 요구를 파악하고 이를 바탕으로 맞춤형 제품을 설계해 고객 만족도와 충성도를 높일 수 있다.

기업 미래 먹거리 전략

현대 비즈니스 환경에서 사용자 경험은 기업의 전략적 방향성을 설정하는 핵심 요소로 자리 잡고 있다. 사용자 경험 데이터는 기업이 현재 고객의 감성과 경험을 바탕으로 미래 사업을 발굴하는 중요한 도구로 사용될 수 있다. 기업은 사용자 경험 데이터를 실시간으로 모니터링하고 분석해 사용자 요구와 시장 트렌드를 즉각적으로 파악하고 이에 신속하게 대응해야 한다(Garrett, 2011).

디자이너는 실시간 피드백 시스템을 통해 제품의 지속적인 개선뿐만 아니라 새로운 시장 기회를 포착하고 혁신을 촉진할 수 있다. 마케터는 사용자 경험 데이터를 활용해 고객의 숨겨진 니즈를 발견하고, 이를 바탕으로 혁신적인 제품과 서비스를 개발하는 전략을 세울 수 있다. 애플의 아이폰(iPhone) 사례에서처럼, 사용자의 피드백을 반영해 사용자 경험을 개선하고 높은 충성도를 유지할 수 있다. 실시간 피드백 시스템은 제품의 지속적인 개선뿐만 아니라 새로운 시장 기회를 포착하고 혁신을 촉진하는 데 중요하다.

사용자 경험 데이터는 기업이 전략적 방향을 설정하는 데 중요한 역할을 한다. 이는 고객 만족도를 높이는 것을 넘어, 기업이 미래 먹거리를 발굴하고 지속 가능한 성장을 이루는 데 결정적인 역할을 한다. 사용자 경험 데이터는 실시간으로 변화하는 시장의 요구를 파악하고 이에 적응할 수 있도록 도와준다. 이는 기술의 발전과 소비자의 기대치가 높아짐에 따라 더욱 중요해지고 있다(Nielsen, 1993).

애플의 아이폰은 사용자 경험 데이터를 성공적으로

활용한 사례다. 애플은 사용자 피드백을 지속적으로 반영해 아이폰의 사용자 경험을 개선하고, 시장에서 높은 충성도를 유지하고 있다. 사용자 경험 데이터를 통해 새로운 기능을 개발하고 기존 기능을 개선하는 것이 아이폰의 성공 비결 중 하나다.

사용자 경험 데이터는 제품 개발 과정에서도 중요한 역할을 한다. 이는 제품의 설계, 개발, 테스트, 출시 등 모든 과정에서 사용될 수 있다. 사용자 경험 데이터는 제품의 사용성을 개선하고 사용자 만족도를 높이는 데 도움을 준다. 실시간 피드백 시스템은 이를 효과적으로 활용하는 중요한 도구다.

따라서 사용자 경험 데이터는 현대 비즈니스 환경에서 기업의 전략적 방향성을 설정하는 중요한 요소다. 이는 기업이 사용자 요구와 시장 트렌드를 즉각적으로 파악하고 이에 신속하게 대응할 수 있게 한다. 또한 사용자 경험 데이터는 기업이 새로운 시장 기회를 포착하고 혁신을 촉진하는 데 도움을 준다. 이는 기업이 장기적으로 성공하고 지속 가능한 성장을 이루는 데 중요한 역할을 한다.

참고문헌

안진호(2023.11.20). 스타트업도 데이터 경영이 필수다. 디지털타임스. https://www.dt.co.kr/contents.html?article_no=2023112102102369807001.

Chui, M., et al.(2018). The promise and challenge of the age of artificial intelligence. McKinsey Global Institute Report.

Dey, A. K., et al.(2020). Getting closer: An empirical investigation of the proximity of user experience and user satisfaction to product development. *Human-computer interaction*, 35(4), pp.381-408.

Garrett, J. J. (2011). The Elements of User Experience: User-Centered Design for the Web and Beyond (2nd ed.). New Riders.

Gentsch, P.(2018). *AI in marketing, sales and service: How marketers without a data science degree can use AI, big data and bots*. Palgrave Macmillan.

Hassenzahl, M.(2010). *Experience design: Technology for all the right reasons*. Morgan & Claypool.

Nielsen, J.(1993). *Usability engineering*. Morgan Kaufmann.

Russel, S., & Norvig, P.(2020). *Artificial intelligence: A modern approach*. Pearson.

06
감성·경험 기반 AI 마케팅

감성 · 경험 기반 AI 마케팅에서는 개인화된 광고와 향상된 고객 참여를 위해 AI가 어떻게 효과적으로 감성 · 경험 데이터를 분석하고 활용하는지를 제시한다. 먼저, 감성 자극 맞춤형 전략을 설명하고, 경험 데이터의 고객 참여 유도에 대해서 설명한다. 마지막으로 개인화된 마케팅에 있어서 필요한 페르소나 기반 맞춤형 마케팅에 대해서 정리했다.

AI와 야구?

감성 자극 맞춤형 전략

AI는 소비자의 감성 및 경험 데이터를 분석해 개인화된 서비스를 제공하는 데 중요한 역할을 한다. 이는 특히 소비자의 감정적 반응을 파악해 마케팅 전략을 최적화하고, 제품 디자인을 소비자의 요구에 맞게 조정하는 데 유용하다. 예를 들어, 아웃도어 브랜드 파타고니아(Patagonia)는 환경 보호에 대한 소비자의 감정적 반응을 이해하고, 이를 제품과 마케팅 전략에 반영해 브랜드 가치를 강화하고 있다.

파타고니아는 소셜 미디어에서 환경 보호에 대한 긍정적인 감정 표현과 관련 리뷰, 피드백을 분석해 지속 가능성을 중시하는 소비자들에게 맞춘 커뮤니케이션 전략을 세운다. 이를 통해 친환경적인 소재를 사용하고 환경 보호 캠페인을 강조하는 제품을 디자인한다. 이는 소비자가 브랜드의 가치에 공감하도록 유도하며, 감성적 연결을 강화하는 전략이다.

디자이너는 감성 및 경험 데이터를 활용해 제품 디자인을 소비자의 감정적 요구에 맞추어 조정할 수 있다. 예를 들어, 친환경적인 소재를 선택하고 제품의 기능적 측면을 강화해 사용자가 자연과 더 깊이 연결되도록 설계한다. 이는 소비자의 감정을 자극하고 브랜드와 더 깊이 연결되도록 돕는다.

마케터는 감성 및 경험 데이터를 통해 고객의 기분과 상태를 분석하고, 개인화된 마케팅 메시지를 전달한다. 이는 파타고니아 제품이 소비자의 가치와 일치하는지를 보여 주는 스토리텔링을 통해 이루어진다. 스토리텔링은 소비자와 브랜드 사이의 감성적 연결을 강화하는 데 중요한 역할을 한다. 파타고니아는 환경 보호와 지속 가능성을 강조하는 스토리텔링을 통해 소비자들이 브랜드의 가치를 공유하고 지지하도록 유도한다. 비슷한 사례로 나이키(Nike)는 '저스트 두 잇(Just Do It)' 캠페인을 통해 운동과 도전을 강조하며, 소비자들에게 강한 영감을 준다. 이 캠페인은 소비자들이 나이키 제품을 착용함으로써 자신도 도전 정신을 가질 수 있다는 메시지를 전달하며, 감성적 연결을 강화한다.

이러한 감성 자극 맞춤형 전략은 소비자가 브랜드와 감정적으로 연결될 수 있도록 돕고, 브랜드 충성도를 높이는 결과를 낳는다. 이는 특히 현대 사회에서 더욱 중요하다. 이러한 전략은 소비자의 감정적 요구를 이해하고 이에 맞춘 서비스를 제공함으로써 소비자의 만족도를 높이고, 브랜드와의 감성적 연결을 강화하는 데 효과적이다(Goleman, 1995).

그러나 이러한 전략에는 한계도 존재한다. 감성 분석의 정확도와 신뢰성은 데이터의 품질에 크게 의존하며, 개인 정보 보호와 관련된 윤리적 문제를 동반할 수 있다. 또한, 이러한 전략을 효과적으로 구현하려면 높은 기술적 역량과 자원이 필요하다. 중소기업이나 기술적 역량이 부족한 기업은 이러한 전략을 효과적으로 구현하기 어려울 수 있다.

경험 데이터의 고객 참여 유도

경험 데이터는 고객의 행동과 반응을 심층적으로 분석해 매력적인 사용자 경험을 제공하는 데 핵심적인 역할을 한다. 예를 들어, 온라인 쇼핑몰은 구매 이력과 브라우징 패턴을 분석해 개인화된 제품 추천을 제공함으로써 고객 맞춤형 쇼핑 경험을 창출한다. 이는 고객의 구매 가능성을 높이고, 장기적인 고객 관계를 구축하는 데 기여한다(Dey et al., 2020).

넷플릭스는 사용자의 시청 패턴과 선호도를 분석해 맞춤형 콘텐츠를 제공한다. 이를 통해 사용자의 만족도와 재시청률을 향상시킨다. 스타벅스는 매장의 분위기와 음악, 서비스 스타일을 조정해 고객의 감성적 경험을 향상시키고 고객 충성도를 높인다.

디자이너와 마케터는 경험 데이터를 활용해 사용자 인터페이스와 사용자 경험을 지속적으로 개선한다. 또한 소비자의 행동 패턴을 기반으로 한 마케팅 전략을 개발할 수 있는데, 이는 고객의 경험을 극대화하고 그들의 참여를 촉진하는 결과를 낳는다(Leeflang et al., 2014).

경험 데이터는 고객의 다양한 상호 작용을 추적하고 분석해 고객의 선호도를 파악하고, 이를 바탕으로 개인화된 경험을 제공하는 데 사용된다. 아마존은 고객의 과거 구매 데이터를 분석해 관련 제품을 추천한다. 이를 통해 고객의 구매 가능성을 높인다.

경험 데이터의 분석을 통해 얻어진 통찰은 고객 경험을 개선하는 데 중요한 역할을 한다. 예를 들어, 고객이 특정 페이지에서 이탈하는 경향이 있다면 해당 페이지의 디자인이나 내용을 개선해 이탈률을 줄일 수 있다. 또한, 경험 데이터는 고객의 피드백을 분석해 제품이나 서비스의 품질을 향상시키는 데도 사용된다.

페르소나 기반 맞춤형 마케팅

현대 마케팅 전략의 핵심은 고객 개개인의 감성과 경험 데이터를 정밀하게 분석하고 이를 기반으로 맞춤형 마케팅 메시지를 개발하는 것이다. 이를 위해 고객에 대한

'페르소나'를 구축하는 것이 필수적이다. 페르소나는 특정 고객 그룹을 대표하는 가상의 인물로, 그들의 행동 패턴, 동기, 목표 등을 반영한다. 페르소나 기반의 접근 방식은 고객 맞춤형 마케팅을 가능하게 하여, 보다 개인화된 광고와 경험을 제공하는 데 중추적인 역할을 한다 (Pruitt & Adlin, 2010).

AI는 페르소나 구축에서 중요한 도구로 사용된다. AI는 다양한 데이터 소스에서 정보를 수집하고 분석한 뒤 사용자의 구매 이력, 소셜 미디어 활동, 웹사이트 방문 기록 등을 통해 주요 페르소나를 식별한다. 이를 통해 각 페르소나에 맞춘 맞춤형 마케팅 메시지를 개발할 수 있다.

페르소나 기반의 마케팅 전략은 감성 데이터 분석을 통한 개인화된 광고와 경험 데이터 활용을 통해 향상된 고객 참여를 가능하게 한다. 감성 데이터는 고객의 감정 상태를 파악하는 데 도움을 주며, 경험 데이터는 고객이 어떤 경로를 통해 제품이나 서비스를 접하게 되었는지를 분석한다. 이러한 데이터들은 고객의 니즈를 정확히 반영한 마케팅 메시지를 개발하는 데 사용된다.

디자이너는 페르소나 데이터를 활용해 다양한 사용자 그룹에 맞춘 디자인을 개발한다. 젊은 층을 대상으로 한 웹사이트 디자인은 밝고 경쾌한 색상과 직관적인 인터페이스를 사용할 수 있다. 반면, 중장년층을 대상으로 한 디자인은 신뢰감을 줄 수 있는 안정적인 색상과 명확한 네비게이션 구조를 갖추는 것이 중요하다.

마케터는 페르소나 데이터를 통해 타깃화된 마케팅 캠페인을 실행하는데, 특정 페르소나 그룹에 맞춘 캠페인은 그들이 선호하는 채널을 통해 적시에 적절한 메시지를 전달함으로써 효과를 극대화할 수 있다.

페르소나 기반의 맞춤형 마케팅은 고객 참여를 증가시키고 브랜드 충성도를 강화하는 데 중요한 역할을 한다. 고객은 자신이 선호하는 방식으로 맞춤형 정보를 제공받을 때 더 큰 만족감을 느끼며, 이는 브랜드에 대한 긍정적인 인식으로 이어진다. 또한, 맞춤형 마케팅은 고객의 재방문율을 높이고, 장기적으로는 매출 증가에도 기여한다.

페르소나 구축의 의의는 데이터 분석의 정교함을 높이고, 실시간 대응과 예측 분석이 가능하게 한다. AI는 대량의 데이터를 빠르고 정확하게 처리해 고객의 행동 패턴을 파악할 수 있으며, 실시간으로 분석해 즉각적인 대응을 할 수 있게 해 준다. 과거 데이터를 바탕으로 미래의 행동을 예측해 선제적인 마케팅 전략을 수립할 수 있다.

페르소나 기반의 맞춤형 마케팅 전략은 고객 개개인

의 감성과 경험을 반영해 보다 개인화된 마케팅 메시지를 개발하는 데 중요한 역할을 한다. 이를 통해 고객 만족도를 높이고 브랜드 충성도를 강화하며, 궁극적으로는 매출 증가에 기여할 수 있다. 현대 마케팅에서 페르소나 기반의 접근 방식은 앞으로도 중요한 전략으로서 그 역할을 계속할 것이다(정욱환 외, 2022).

참고문헌

정욱환 외(2022). 소비자유형 데이터 분석방법론 연구. ≪서비스 연구≫, 12(2), 80-93쪽.

Dey, A. K., et al.(2020). Getting closer: An empirical investigation of the proximity of user experience and user satisfaction to product development. *Human-computer interaction*, 35(4), pp.381-408.

Goleman, D.(1995). *Emotional intelligence: Why it can matter more than IQ*. Bantam Books.

Leeflang, P. S. H., et al.(2014). Challenges and solutions for marketing in a digital era. *European management journal*, 32(1), pp.1-12.

Pruitt, J., & Adlin, T.(2010). *The persona lifecycle: Keeping people in mind throughout product design*. Morgan Kaufmann.

Wedel, M., & Kannan, P. K.(2016). Marketing analytics for data-rich environments. *Journal of marketing*, 80(6), pp.97-121.

07
디자인에 생명을 불어넣는 AI

AI가 디자인 과정에 어떻게 창의성을 불어넣는지를 제시한다. 홈페이지 및 각종 디바이스의 인터페이스 디자인에서부터 제품 디자인에 이르기까지 AI와 감성 · 경험 데이터가 어떻게 혁신적인 디자인을 가능하게 하는지를 설명한다. 순서는 AI와 디자인의 결합, 디자인 분야 AI 협업 방식, 양적 · 질적 데이터 조화라는 주제로 풀어 간다.

AI와 윤동주?

AI와 디자인의 결합

디자인의 진정한 의미는 제품의 외관을 넘어서 사용자와의 상호 작용을 설계하는 것이다. AI 기술의 발전은 디자인 과정에 혁신을 가져오고 있다. 특히, 생성형 AI의 도입은 그간 디자이너들이 시간을 많이 투여하던 반복적인 작업을 자동화해 인간의 감성과 경험을 깊이 이해하고 반영할 수 있는 디자인 기획에 더 많은 시간을 할애하도록 한다.

AI는 방대한 데이터를 분석해 유의미한 깨달음을 도출한다. 이를 통해 디자이너는 시장 트렌드, 사용자 선호도, 사용 패턴 등을 이해할 수 있다. 예를 들어, 인기 있는 색상, 형태, 기능 등을 데이터 분석으로 파악하고 이를 제품에 반영함으로써 사용자 만족도를 높인다. 또한, AI는 새로운 디자인 아이디어를 제안해 디자이너들이 새로운 스타일과 접근 방식을 탐색하는 데 도움을 준다(Maeda, 2019).

AI는 반복적이고 시간이 많이 소요되는 작업을 자동화해 디자이너가 창의적인 작업에 집중할 수 있도록 한다. 예를 들어, 그래픽 디자인에서는 특정 스타일이나 주제를 기반으로 이미지를 자동으로 생성하고, 제품 디자인에서는 다양한 디자인 시안을 시뮬레이션해 최적의 솔루션을 제안한다. 자동차 디자인에서는 여러 디자인 시안을 AI가 미리 시뮬레이션해 공기역학적으로 가장 효율적인 디자인을 찾아낼 수 있다(안진호, 2021).

사용자 데이터를 분석해 각 사용자에게 맞춤형 경험을 제공하는 것도 AI의 중요한 역할이다. UI/UX(user interface/user experience) 디자인에서는 개인화된 인터페이스를 설계해 사용자 만족도를 높인다. 온라인 쇼핑몰에서는 각 사용자의 구매 이력과 선호도를 분석해 개인화된 제품 추천을 제공함으로써 쇼핑 경험을 향상시킨다. AI는 사용자 인터랙션 데이터를 실시간으로 분석해 불편한 부분을 식별하고 이를 개선할 수 있게 도움을 줄 수 있다.

AI와 디자인의 결합은 새로운 디자인 패러다임을 제시한다. 데이터 기반의 디자인을 통해 디자이너들은 더 많은 데이터를 기반으로 디자인 결정을 내릴 수 있어서 보다 객관적이고 효율적인 디자인이 가능하다. 그러나 이러한 변화는 디자이너들의 일자리와 창의력을 위협할 수 있는 한계점도 있다.

디자인 분야 AI 협업 방식

AI 기술은 다양한 분야에서 혁신을 일으키고 있으며, 디자인 분야에서도 중요한 변화를 가져오고 있다. 오픈에이아이사의 챗지피티와 미드저니(Midjourney)사는 디자인 기획·개발 및 사후 관리 각 단계에서 AI 기술이 어떻게 활용되는지를 보여 주는 대표적인 사례들이다.

디자인 기획 단계에서 챗지피티는 사용자 요구와 시장 트렌드를 분석해 유용한 통찰력을 제공한다. 챗지피티는 대량의 텍스트 데이터를 학습해 프로젝트 브리핑을 분석하고 관련 데이터를 통합해 디자인 전략을 수립하는 데 도움을 준다. 미드저니는 텍스트 입력을 바탕으로 이미지를 생성하는 AI 도구로, 초기 아이디어를 구체화하고 다양한 디자인 콘셉트를 빠르게 탐색할 수 있도록 지원한다.

개발 단계에서 미드저니는 복잡한 그래픽과 시각적 아이디어를 빠르게 생성하고 변형시켜 디자이너가 효과적으로 최종 디자인을 결정할 수 있도록 한다. 이는 디자인의 시안 생성과 수정을 가속화하며, 최적의 시각적 결과물을 도출하는 데 중요한 역할을 한다.

완성된 디자인의 사후 관리에서 챗지피티는 사용자 피드백을 수집하고 분석해 제품 디자인을 지속적으로 개선하고 사용자 만족도를 높이는 전략을 개발한다. 챗지피티는 사용자 리뷰, 설문 조사 결과 등을 분석해 사용자들이 만족하는 부분과 불만족하는 부분을 파악해 개선 방안을 제시한다.

챗지피티와 미드저니는 디자인 업계에서 디자인 기획부터 개발, 사후 관리에 이르기까지 전 과정에 걸쳐 중요한 역할을 한다. 이들은 디자이너들이 창의적이고 효율적으로 작업할 수 있도록 지원하며, 디자인 결과물의 품질을 높이는 데 기여한다. AI 기술은 단순한 도구를 넘어 전략적 파트너로서의 역할을 확장하고 있다.

양적 및 질적 데이터 조화

AI는 양적 데이터와 질적 데이터를 조화롭게 활용해 감성과 경험을 분석하는 데 중요한 역할을 한다. 양적 데이터는 대규모로 수집되는 수치적 정보로, 트렌드와 소비 패턴을 분석하는 데 유용하다. 이를테면, 설문 조사나 매출 데이터는 소비자 행동의 전반적인 경향을 파악하는 데 도움을 준다. 반면, 질적 데이터는 심층 인터뷰나 관찰을 통해 수집되며, 소비자의 감정과 경험을 깊이 이해할 수 있는 통찰이 있다.

에스노그라피(ethnography)는 질적 데이터를 수집하는 주요 방법 중 하나로, 연구자가 대상 환경에 직접 참여하거나 관찰하며 인간의 행동과 상호 작용을 기록하는 방법이다. 이를 통해 소비자의 진정한 니즈와 감정을 이해할 수 있다. 기업은 이 데이터를 활용해 더 나은 제품을 개발하고 효과적인 마케팅 전략을 수립할 수 있다(Kozinets, 2010).

디자이너는 양적 데이터를 통해 제품의 기능적 측면을 최적화하고, 질적 데이터에서 얻은 이해를 디자인에 반영한다. 예를 들어, 양적 데이터는 제품 사용 빈도나 방법을 분석해 기능을 개선하는 데 사용되고, 질적 데이터는 사용자의 불편함이나 기대를 파악해 디자인에 반영한다. AI는 이 데이터를 통합해 분석함으로써 디자인을 수정하고 사용자 만족도를 높이는 데 도움을 준다.

마케터는 양적 데이터를 활용해 시장 트렌드와 소비 패턴을 파악하고, 질적 데이터를 통해 개별 소비자의 깊은 감정과 경험을 이해한다. 예를 들어, 소셜 미디어 분석을 통해 소비자들의 제품에 대한 생각을 파악하고, 이를 바탕으로 개인화된 마케팅 전략과 맞춤형 광고 캠페인을 기획한다. 이를 통해 마케터는 소비자의 마음을 읽고 기대를 뛰어넘는 성과를 달성할 수 있다.

양적 데이터는 방대한 정보를 신속하게 분석해 전체적인 트렌드와 패턴을 파악하는 데 강점이 있다. 반면, 질적 데이터는 심층적인 통찰이 있다. 에스노그라피는 소비자의 실제 사용 환경과 맥락을 이해해 깊이 있는 데이터를 제공한다.

디자인 분야에 AI는 양적 데이터와 질적 데이터를 통합해 제품 디자인을 인간 중심적으로 만들 수 있고, 마케팅 전략 수립에서도 AI는 양적 데이터를 분석해 시장의 큰 흐름을 파악하고, 이를 바탕으로 마케터는 개인화된 전략을 수립하고 맞춤형 광고를 기획해 소비자의 기대를 뛰어넘는 성과를 달성한다.

양적 데이터와 질적 데이터의 조화로운 활용은 감성과 경험을 분석하는 데 매우 중요하다. AI는 이들 데이터를 통합해 분석함으로써 디자인과 마케팅 전략을 효과적으로 수립할 수 있다. 이는 인간 중심적이고 개인화된 서비스를 제공하는 데 기여하며, 고객의 기대를 뛰어넘는 성과를 달성하는 데 중요한 역할을 한다(Bryman & Bell, 2015).

참고문헌

안진호(2021). 디자인 산업데이터에 관한 이론적 고찰. ≪서비스 연구≫, 11(3), 31-42쪽.

Bryman, A., & Bell, E.(2015). *Business research methods (4th ed.)*. Oxford: Oxford University Press.

Kozinets, R. V.(2010). *Netnography: Doing ethnographic*

research online. London: SAGE Publications.
Maeda, J.(2019). *How to speak machine: Laws of design for a digital age*. UK: Penguin.

08
휴리스틱의 가치

휴리스틱의 가치에서는 감성 · 경험 데이터를 다루는 데 이러한 접근 방법이 왜 중요한지를 설명한다. 먼저, AI 시스템이 인간과 상호 작용할 때 중요한 도구로 사용되는 휴리스틱이란 무엇인지 설명한다. 그리고 AI의 편향을 줄이고 문제 해결을 위해 경험적 지식과 직관을 사용하는 방법론으로, 복잡한 문제를 빠르고 효율적으로 해결하는 데 유용한 휴리스틱의 미래에 대해서 정리했다.

AI와 한의학?

휴리스틱이란

휴리스틱은 문제 해결과 의사 결정 과정에서 경험적 규칙이나 단순화된 지침을 사용하는 방법을 의미한다. 이는 복잡하고 불확실한 상황에서 빠르고 근사한 결정을 내리는 데 유용하다. 이를테면, 사람이 쇼핑할 때 여러 제품을 비교하지 않고 단순히 이전에 만족했던 브랜드를 선택하는 것이 휴리스틱의 한 예다. 이러한 방식은 특히 AI 분야에서 중요하게 사용되며, AI가 감성과 경험을 분석할 때 더욱 두드러진다.

일반적으로 AI 시스템은 보통 알고리즘을 사용해 데이터를 처리한다. 알고리즘은 문제를 해결하기 위해 고정된 규칙을 따르는 절차나 계산 과정을 의미한다. 알고리즘은 주로 정형화된 데이터와 규칙에 기반해 동작하기 때문에 예외적이거나 비정형적인 데이터를 처리하는 데 한계를 가진다. 여기서 휴리스틱의 중요성이 부각된다. 휴리스틱을 활용하면 AI는 인간의 직관과 비슷한 방식으로 데이터를 처리할 수 있으며, 빠르고 유연하게 반응할 수 있다. 이는 감성적이고 주관적인 데이터를 다루는 데서 중요한 역할을 한다.

휴리스틱이 적용된 AI 시스템은 그렇지 않은 시스템과 큰 차이를 보인다. 휴리스틱이 없는 경우, AI는 엄격

한 규칙과 정해진 알고리즘을 따라 데이터를 처리한다. 이는 감정과 경험 데이터를 단순히 수치화하고 분석하는 데 그치며, 데이터의 맥락을 이해하지 못해 사용자 감정의 미묘한 차이나 복잡한 경험을 충분히 반영하지 못한다. 이로 인해 상황에 따른 유연한 대응이 어려워 사용자에게 기계적이고 비인간적인 인상을 줄 수 있다.

반면, 휴리스틱이 적용된 AI는 경험적 규칙을 적용해 데이터를 더 직관적으로 처리한다. 이는 인간의 직관적인 사고방식과 유사한 접근을 가능하게 한다. 휴리스틱은 AI가 감정과 경험의 맥락을 이해하고 보다 정교한 해석을 가능하게끔 한다. 이를 통해 사용자 감정의 미묘한 차이를 포착하고 반영할 수 있다. 상황에 맞춘 빠르고 유연한 반응이 가능해 사용자에게 더 인간적이고 친근한 인상을 줄 수 있다.

AI 분야에서 휴리스틱의 도입은 시스템의 효율성을 크게 향상시킨다. 전통적인 알고리즘 기반의 시스템은 모든 가능한 경우를 고려해 최적의 해답을 찾으려 하지만, 이는 시간과 자원이 많이 소모된다. 반면, 휴리스틱을 사용하면 더 적은 자원으로도 충분히 좋은 해답을 빠르게 찾을 수 있다. 한 예로, 체스 프로그램은 모든 가능한 수를 계산하는 대신에 경험적인 규칙을 사용해 유망

한 수를 먼저 고려함으로써 더 빠르고 효율적으로 작동할 수 있다.

휴리스틱의 장점은 명확하지만, 한계도 존재한다. 휴리스틱은 본질적으로 경험적 규칙에 의존하기 때문에 새로운 상황이나 예외적인 경우에는 오작동할 가능성이 있다. 또한, 지나치게 단순화된 규칙은 복잡한 문제를 충분히 다루지 못할 수도 있다. 따라서 AI 시스템을 설계할 때는 휴리스틱과 알고리즘의 균형을 잘 맞추는 것이 중요하다(Gigerenzer & Gaissmaier, 2011). 휴리스틱의 효과적인 활용은 AI의 발전과 함께 더욱 중요해질 것이다. 이는 감성과 경험을 이해하고 반영하는 데 필수적인 요소로 자리 잡고 있다.

휴리스틱의 미래

휴리스틱은 AI 기술의 발전과 함께 그 중요성이 점점 더 강조되고 있다. 휴리스틱은 문제 해결을 위해 경험적 지식과 직관을 사용하는 방법론으로, 복잡한 문제를 빠르고 효율적으로 해결하는 데 유용하다. 특히, 감성과 경험 분석에서 휴리스틱의 역할은 더욱 중요해질 것이다.

감정은 개인마다 다르게 표현되고 해석될 수 있는 것처럼 감성과 경험 데이터는 매우 주관적이고 복잡하다.

그래서 기계적 알고리즘만으로는 이러한 데이터를 충분히 해석하기 어렵다. 기계적 알고리즘은 주로 정형화된 데이터와 규칙에 기반해 동작하기 때문에, 예외적이거나 비정형적인 데이터를 처리하는 데 한계를 가진다. 반면, 휴리스틱은 인간의 경험과 직관을 활용해 이러한 데이터의 맥락을 이해하고 해석할 수 있다(Soman, 2004).

휴리스틱의 중요한 역할은 AI가 특정 방향으로 기울어지는 편향을 줄이고, 윤리적으로 책임 있는 결정을 내리는 방법을 학습하는 것이다. 휴리스틱은 다양한 상황에서의 경험을 반영해 의사 결정 과정을 개선할 수 있다. AI가 특정 집단에 대해 편향된 결정을 내리지 않도록 다양한 데이터를 학습하고, 이를 기반으로 공정한 판단을 내릴 수 있다. 이는 기술의 사회적 수용성을 높이는 데 결정적인 역할을 한다.

AI가 인간처럼 사고하고 판단할 수 있도록 돕는 휴리스틱의 역할은 점점 더 중요해질 것이다. 머신러닝과 딥러닝 기술의 발전과 함께, 휴리스틱은 더욱 정교하고 강력한 방법론으로 진화할 것이다. 이를 통해 AI는 복잡한 문제를 더 빠르고 정확하게 해결하고, 인간과의 상호 작용에서 더 자연스럽고 효율적인 반응을 제공할 수 있을 것이다. 휴리스틱은 복잡한 문제를 단순화하고, 빠른 결정을 내리는 데 유용한 도구로 발전했다.

특히 감성과 경험 데이터 분석에서 휴리스틱의 중요성은 더욱 부각된다. 감성 데이터는 개인의 주관적 경험과 밀접하게 관련되어 있어서 표준화된 알고리즘으로는 정확한 해석이 어려운 경우가 많다. 동일한 상황에서 다른 사람들이 다르게 느끼고 반응할 수 있다. 이러한 데이터를 처리하는 데서 휴리스틱은 인간의 직관과 경험을 활용해 데이터를 더 정확하게 해석하고, 개인화된 반응을 제공할 수 있다(Tversky & Kahneman, 1974).

종합해 보면, 휴리스틱은 AI 기술의 발전과 함께 더욱 중요해질 것이며, 감성과 경험 데이터 분석에서 그 역할은 더욱 강조될 것이다. 휴리스틱을 통해 AI는 인간처럼 사고하고 판단할 수 있는 능력을 갖추게 될 것이며, 이는 다양한 분야에서 감성적이고 인간 중심적인 AI 응용 프로그램의 효율성을 극대화할 것이다(Shuai & Watanabe, 1994). 또한, 휴리스틱은 AI가 편향을 줄이고 윤리적으로 책임 있는 결정을 내리는 데 기여할 것이다. 이를 통해 기술의 사회적 수용성을 높이고, AI가 인간 사회에 더 긍정적인 영향을 미칠 수 있도록 할 것이다.

참고문헌

Gigerenzer, G., & Gaissmaier, W.(2011). Heuristic decision making. *Annual review of psychology*, 62, pp.451-482.

Shuai, D., & Watanabe, Y.(1994). Hyper-distributed hyper-parallel heuristic AI processing based on chaotic cellular neural networks. In *ISITA'94: International Symposium on Information Theory & Its Applications 1994; Proceedings* (pp. 769-774). Barton, ACT: Institution of Engineers, Australia.

Soman, D.(2004). Framing, loss aversion, and mental accounting. In *Blackwell handbook of judgment and decision making*(pp.379-398).

Tversky, A., & Kahneman, D.(1974). Judgment under uncertainty: Heuristics and biases. *Science*, 185(4157), pp.1124-1131.

09
AI 시대의 인문학

AI 기술이 급속도로 발전하면서, 인문학적 접근의 중요성이 더욱 강조된다. AI 시대의 인문학에서는 인문학이 AI 개발과 적용에 어떻게 중요한 역할을 하는지 설명한다. 기술과 인문학이 어떻게 상호 작용하며, 어떤 윤리적 · 사회적 고려를 가져오는지 제시한다. 글의 구성 순서는 인문학적 접근의 중요성을 제시하고, 기계에 담긴 인간의 직관을 설명한다. 마지막으로 인간 중심의 설계 방식을 제시한다.

AI와 화장품?

인문학적 접근의 중요성

현대 사회는 인공지능(AI)의 급속한 발전으로 인해 전에 없던 변화를 겪고 있다. 자율 주행 차, 개인화 마케팅, 의료 진단, 금융 분석 등 AI의 응용 분야는 나날이 확대되고 있으며, 이러한 기술은 우리의 일상생활에 깊이 스며들고 있다. 이러한 변혁의 시대에, 많은 사람들이 기술적 진보에만 집중하고 있는 듯하다. 그러나 이러한 시대일수록 인문학적 접근의 중요성을 잊어서는 안 된다.

인문학(humanities)은 인간의 본질, 가치, 윤리 등을 탐구하는 학문으로, 우리가 무엇을 추구해야 하는지, 우리의 행동이 어떠한 영향을 미치는지에 대한 깊은 통찰을 제공한다. 반면, 휴머니티(humanity)는 인간의 감정, 경험, 인간다움을 이해하고 존중하는 것을 의미한다. 인문학이 이론적이고 학문적인 탐구를 통해 인간의 본질을 이해하려 한다면, 휴머니티는 실천적이고 감정적인 측면에서 인간을 이해하고 배려하는 것을 강조한다.

AI 기술이 아무리 정교해져도, 그것을 사용하는 인간의 가치와 윤리가 확립되지 않으면 그 기술은 오히려 해로울 수 있다. 인문학적 접근은 AI가 인간의 감정과 경험을 존중하고 반영하는 존재로 자리 잡도록 하며, 이를 통해 사용자에게 더 인간적인 경험을 제공할 수 있다. 이는 휴머니티의 개념과 맞닿아 있으며, AI가 단순한 기계적 도구를 넘어 인간다움을 구현하는 방향으로 발전하도록 돕는다.

인문학적 접근을 통해 인간의 생명과 존엄성에 대한 깊은 이해를 바탕으로 한 윤리적 기준이 마련되어야 한다. 또한, 인문학은 AI 기술이 불러올 사회적 · 문화적 변화에 대한 비판적 성찰을 가능하게 한다. AI가 노동 시장을 어떻게 변화시킬 것인지, 인간관계에 어떤 영향을 미칠 것인지에 대한 질문을 던지는 것은 인문학의 역할이다. 이러한 질문을 통해 우리는 기술의 발전이 가져올 잠재적인 부작용을 미리 인식하고, 이에 대비할 수 있다.

인문학은 또한 창의성과 비판적 사고를 길러 준다. AI가 아무리 많은 데이터를 분석하고 예측할 수 있어도, 인간의 창의적 사고와 문제 해결 능력은 대체될 수 없다. 인문학 교육은 이러한 능력을 배양하는 데 중요한 역할을 한다. 이는 AI 시대에 인간이 가진 고유한 가치를 더욱 빛나게 하는 요소다.

결론적으로, AI가 인간 중심적인 기술로 발전하기 위해서는 인문학적 접근이 필수적이다. 이는 기술이 단순한 문제 해결을 넘어 인간의 삶의 질을 향상시키는 데 기여할 수 있도록 한다. 인문학적 접근은 AI가 인간의 감정과 경험을 존중하고 반영하는 존재로 자리 잡도록 하며, 이를 통해 사용자에게 더 인간적인 경험을 제공할 수 있다. 또한, 휴머니티의 개념을 통해 AI가 인간다움을 구현하고, 기술과 인간이 조화롭게 공존하는 미래를 만들어 나가야 할 것이다. AI의 시대에 인문학적 가치를 재발견하고, 이를 통해 더 나은 세상을 만들어 나가길 기대한다(안진호, 2022.12.14).

기계에 담긴 인간의 직관

AI가 인간의 직관과 감정을 이해하고 이를 기계에 반영하는 것은 현대 기술의 중요한 과제다. AI가 인간의 복잡한 감정과 경험을 처리하고 이에 반응할 수 있도록 하는 데는 휴머니티가 큰 역할을 한다. 휴머니티는 인간의 직관적 사고를 모방해 AI가 더 정교한 해석을 가능하게 한다. 이는 기계가 인간의 직관과 감성을 반영해 더 인간적인 판단과 결정을 내리도록 하는 개념이다.

인간의 직관은 수천 년의 진화를 거쳐 개발된 정교한 판단 능력이다. 이러한 직관을 AI에 담아내면, AI는 인간의 감정과 경험을 보다 정확하게 이해하고 대응할 수 있게 된다. 가령, 고객 서비스 AI는 휴머니티를 사용해 고객의 감정을 실시간으로 분석하고 적절한 대응을 제공함으로써 고객 만족도를 높인다(Floridi, 2014).

AI가 적용된 서비스가 인간의 직관을 모방하는 과정은 데이터 수집, 처리, 분석 단계로 이루어진다. 이를테면, 고객 서비스 AI는 고객의 음성 톤, 언어 사용, 얼굴 표정 등을 분석해 고객의 감정을 파악하고 상황에 맞는 대응을 하게 된다. 이는 고객 만족도를 높이고, 고객의 충성도를 강화하는 데 기여한다.

AI의 이러한 능력은 헬스케어 분야에서도 중요한 역할을 한다. 한 예로, 헬스케어 웨어러블 기기를 통해 AI는 사용자의 생체 데이터를 분석해 스트레스 수준과 감정 상태를 모니터링하고, 이를 기반으로 건강 관리 및 피트니스 계획을 조정함으로써 사용자의 건강을 증진할 수 있다. 이러한 맞춤형 접근은 개인의 건강 상태를 실시간으로 관리하고 최적화해 전반적인 웰빙을 향상시키는 데 기여한다.

그러나 AI가 인간의 직관을 모방하는 데는 한계도 존재한다. 현재의 AI 기술은 아직 완벽하게 인간의 감정과 직관을 이해하지 못하며, 이는 AI가 감정을 처리하고 반응하는 데 일정한 오차가 발생할 수 있음을 의미한다. 이러한 한계를 극복하기 위해 더욱 정교한 알고리즘 개발과 방대한 데이터 학습이 필요하다.

휴머니티는 AI 시스템이 인간의 직관과 감정을 이해하고 이를 바탕으로 더 정교한 반응을 생성하는 데 중요한 역할을 한다. 이는 AI가 인간과 좀 더 친근하게 인간적으로 상호 작용할 수 있도록 하며, 다양한 분야에서 AI의 활용도를 높이는 데 기여한다. 그러나 이러한 과정에서 발생할 수 있는 기술적 · 윤리적 한계를 극복하기 위해 지속적인 연구와 개발이 필요하다.

인간 중심 설계

AI 시대에 인간 중심 설계(human-centered design)는 기술의 성공적인 구현과 사용을 위해 필수적이다. 인간 중심 설계란 사용자의 필요와 경험을 중심으로 기술을 개발하고, 사용자와의 상호 작용을 최적화하는 접근 방식을 의미한다. 이는 단순히 사용자 친화적인 인터페이스를 설계하는 것에 그치지 않고, 기술이 실제로 사용자의 삶에 긍정적인 변화를 가져오는 것을 목표로 한다. 예를 들어, AI 기술이 복잡한 문제를 해결하거나 일상적인 작업을 간소화하는 데 어떻게 기여할 수 있는지를 고려한다.

이 접근 방식은 기술의 디자인과 개발 과정에서 사용자의 피드백을 적극적으로 반영하고, 사용자의 요구를 중심으로 혁신을 추구한다. 이는 기술이 단순히 기능적으로 우수한 것을 넘어서, 실제로 사용자에게 유용하고 의미 있는 경험을 제공할 수 있도록 한다. 따라서 AI 기술이 인간의 삶을 향상시키는 방향으로 발전하려면 인간 중심 설계가 필수적이다(Norman, 2013).

이러한 맥락에서, 인간 중심 설계를 가능하게 하는 핵심 요소 중 하나가 바로 휴머니티다. 휴머니티는 AI가 인간의 감정과 경험을 이해하고, 이에 맞춰 개인화된 반응을 제공하며, 윤리적으로 책임 있는 결정을 내리는 데 중요한 역할을 한다. 휴머니티를 기반으로 한 설계는 기술이 단순히 효율성과 정확성만을 추구하는 것을 넘어서, 사용자 경험을 향상시키고 사회적 책임을 다하는 방향으로 발전하도록 유도한다.

AI 시대의 성공적인 기술 구현은 인간 중심 설계를 통해 사용자의 경험과 필요를 충족시키는 데 달려 있다. 이를 통해 기술이 사회 전반에 긍정적인 영향을 미치고, 더욱 나은 미래를 만들어 나갈 수 있을 것이다.

의료 분야 AI 서비스 예시로 환자의 감정과 경험을 반영해 더욱 맞춤화된 진료를 제공할 수 있다. 이는 환자와 의료진 간의 신뢰를 높이고 치료 결과를 향상시키는 데 기여한다. IBM의 왓슨(Watson) 의료 AI 서비스는 환자의 의료 기록과 최신 의학 정보를 분석해 맞춤형 치료 계획을 제안한다. 이는 의사들이 더 나은 의사 결정을 내릴 수 있도록 도와준다.

인간 중심 설계는 기술 개발 과정에서 인간의 복잡한 감정과 경험을 깊이 이해하고 이를 설계에 반영하는 데 중요한 역할을 한다. 이는 기술이 사용자에게 더욱 친숙하고 접근하기 쉽도록 만드는 데 기여한다. 스마트폰의 사용자 인터페이스는 인간 중심 설계의 대표적인 사례다. 애플의 아이폰은 직관적인 사용자 인터페이스와 사용자 경험으로 유명하다. 사용자는 복잡한 설명서 없이도 쉽게 기기를 사용할 수 있다.

AI가 채용 과정을 자동화할 때, 편견 없는 공정한 결정을 내리는 것이 중요하다. 이를 위해 다양한 인구 통계학적 데이터를 분석하고, 잠재적인 편향성을 식별하고 제거하는 과정이 필요하다(Braunschweig & Ghallab, 2021)

AI 시대에 인간 중심 설계는 기술의 성공적인 구현과 사용을 위해 필수적이다. 이는 기술이 단순히 효율성과 정확성을 넘어 사용자 경험을 향상시키고 사회적 책임을 다하는 방향으로 발전하도록 유도한다. 휴머니티는 이러한 설계를 가능하게 하는 핵심 요소로, AI가 감성과 경험을 분석하고, 개인화된 반응을 제공하며, 윤리적으로 책임 있는 결정을 내리는 데 중요한 역할을 한다.

참고문헌

안진호(2022.12.14). 디자인, 마케팅 아닌 R&D로 봐야. 디지털타임스. https://www.dt.co.kr/contents.html?article_no=2022121502102369807001

Braunschweig, B., & Ghallab, M.(2021). *Reflections on AI for humanity: Introduction.* Lecture Notes in Artificial Intelligence(LNAI).

Floridi, L.(2014). *The fourth revolution: How the infosphere is reshaping human reality.* Oxford University Press.

Norman, D.(2013). *The design of everyday things.* Basic Books.

10
빅 데이터 대 씩 데이터

빅 데이터는 AI 시대의 필수 도구로 자리 잡고 있다. 하지만, 현대 사회, 경제, 산업 분야에서 필수적이지만 감성과 경험을 이해하는 데 한계가 있다. 마지막 장인 '빅 데이터 대 씩 데이터'에서는 먼저, 빅 데이터의 한계와 감성적 이해를 설명한다. 다음으로 에스노그라피와 씩 데이터를 활용한 질적 접근을 설명하고, 마지막으로 기업 성장의 핵심 전략 관점에서 그 가치를 제시한다.

종교와 AI?

빅 데이터의 한계와 감성적 통찰

현대 사회에서 빅 데이터(big data)는 필수적인 도구로 자리 잡고 있다. 대규모 데이터를 수집, 저장, 분석함으로써 다양한 깨달음을 제공하며, 기업과 정부 기관은 이를 활용해 의사 결정을 내리고 있다. 한 예로, 미국의 할인 소매점 체인 타깃(Target)은 2012년에 빅 데이터를 활용한 고객의 쇼핑 패턴 분석으로 한 여고생의 임신 사실을 부모보다 먼저 예측해 낸 사례가 있다. 이 사건은 많은 사람들에게 빅 데이터의 놀라운 가능성을 보여 주었다.

그러나 많은 데이터가 있다고 해서 사람의 마음을 완벽하게 헤아릴 수 있는 것은 아니다. 빅 데이터는 사람의 감성을 이해하는 데 한계가 있으며, 이를 극복하기 위해서는 감성적 판단이 필요하다. 가령, 허름한 독거노인이 최신 스마트폰을 구매할 가능성을 빅 데이터로 분석할 때, 가능성은 거의 없을 것이다. 하지만 이 노인의 삶을 직접 관찰하면 다른 결과가 나올 수 있다. 노인에게 소중한 손자가 있어서, 손자의 부탁으로 몇 달 동안 돈을 모아 스마트폰을 구매할 가능성도 존재한다. 이러한 경우, 노인의 스마트폰 구매 가능성을 예측하기 위해서는 단순히 데이터를 분석하는 것을 넘어서 사람의 주관적 판단과 정서적 이해가 필요하다.

이와 같은 사례는 빅 데이터가 사람의 감성을 이해하지 못한 대표적인 예로 들 수 있다. 피처 폰 시대의 절대 강자였던 노키아(Nokia)는 빅 데이터와 글로벌 컨설팅 회사의 분석에 의존했지만, 스마트폰 대중화를 예측하는 데 실패했다. 그러나 트리시아 왕(Tricia Wang)이라는 테크놀로지 에스노그라퍼(technology ethnographer)가 감성적 안목을 기반으로 작성한 보고서는 예측에 성공했다(Wang, 2016.1.21). 그녀는 기술 수용도를 관찰 조사하는 에스노그라피 기법을 활용해 스마트폰의 대중화를 예견했다. 이처럼 감성적 판단을 포함한 질적 접근은 빅 데이터 분석의 한계를 극복하는 데 필수적이다.

이는 데이터의 양적 분석을 보완해 더 깊고 의미 있는 사용자 이해를 가능하게 한다. 빅 데이터는 강력한 도구지만, 이를 통해 얻는 정보가 항상 충분하거나 완전하지는 않다. 빅 데이터 분석의 한계를 인식하고 감성적 판단과 문화적 이해를 통합함으로써 보다 인간 중심적인 접근을 실현할 수 있다(Crawford, 2013.4.1). 이는 고객의 깊은 감정적 요구와 복잡한 경험을 이해하는 데 기여하며, 더 나은 의사 결정을 내릴 수 있도록 돕는다(안진호, 2020).

씩 데이터와 에스노그라피

빅 데이터는 대량의 데이터를 분석해 패턴과 추세를 발견하는 데 유용하다. 그러나 대량의 데이터 속에서 발생한 맥락이나 인간의 감정과 동기를 이해하는 데는 한계가 있다. 이를 보완하는 관점에서 주목할 개념이 에스노그라피와 씩 데이터(thick data)다.

에스노그라피는 연구자가 직접 특정 환경에 참여하거나 관찰하면서 심층적인 데이터를 수집하는 질적 연구 방법이다. 이는 인간의 행동과 그 행동의 맥락을 깊이 있게 이해하는 것을 목표로 한다. 트리시아 왕은 노키아의 의뢰를 받아 중국에서 에스노그라피 연구를 수행했다. 그녀는 소비자들이 단순히 휴대폰의 기능적 측면만을 고려하는 것이 아니라, 디자인 · 사용자 경험 · 브랜드 이미지를 중요하게 생각한다는 사실을 발견했다. 이 발견은 빅 데이터가 간과할 수 있는 질적 통찰을 제공했다.

트리시아 왕의 연구는 스마트폰 시대의 도래를 예측하는 데 중요한 역할을 했다. 그녀는 소비자들이 기능뿐만 아니라 디자인과 사용자 경험을 중시한다는 사실을 발견하고, 이를 바탕으로 피처 폰 시대가 저물고 스마트폰의 시대가 올 것이라고 예측했다. 이는 데이터의 양에 의존할 뿐 데이터의 질적 측면을 간과할 때 발생할 수 있는 문제를 명확히 드러낸다. 그녀의 연구는 씩 데이터의 중요성을 부각시키며, 질적 데이터의 깊이 있는 분석이 어떻게 시장 예측에 중요한 역할을 할 수 있는지 보여 준다.

빅 데이터와 씩 데이터의 차이는 명확하다. 빅 데이터는 대규모 데이터를 처리해 패턴을 발견하고 예측과 결정을 내리는 데 중점을 둔다. 반면, 씩 데이터는 소규모의 정교한 데이터를 통해 인간의 감정과 행동을 깊이 이해하는 것을 목표로 한다. '디즈니랜드'는 빅 데이터를 활용해 테마파크 방문객의 이동 패턴을 분석하고, 대기 시간을 줄이기 위한 최적의 경로를 설계했다. 동시에 씩 데이터를 통해 방문객 인터뷰와 관찰을 실시해 경험의 질을 향상시킬 수 있는 요소를 파악했다. 에스노그라피는 이러한 씩 데이터를 수집하는 주요 방법 중 하나로, 연구자가 직접 현장에 참여하거나 관찰함으로써 심층적인 데이터를 수집한다.

에스노그라피와 씩 데이터는 제품 디자인과 마케팅에서도 중요한 역할을 한다. 디자이너는 씩 데이터를 활용해 제품 디자인의 감성적 요소를 강화하고, 사용자 경험을 개선할 수 있다. 사용자 인터뷰를 통해 제품 사용 중 느끼는 불편함을 파악하고 이를 해결하는 방향으로 디자인을 수정할 수 있다. 마케터는 씩 데이터를 활용해 소비자들의 깊은 감정과 경험을 이해하고, 이를 바탕으로 더 감동적인 마케팅 캠페인을 기획할 수 있다.

이러한 접근은 고객의 마음을 더 잘 이해하고, 그들의 기대를 뛰어넘는 비즈니스 성과를 달성하는 데 중요한 역할을 한다. 빅 데이터가 대규모 데이터 분석을 통해 패턴을 발견하고 예측을 하는 데 강점이 있다면, 씩 데이터는 인간의 감정과 행동을 깊이 이해하고 이를 바탕으로 더 정교한 전략을 수립하는 데 강점이 있다. 트리시아 왕의 연구는 이러한 씩 데이터의 중요성을 부각시키며, 질적 데이터 분석이 어떻게 시장 예측과 비즈니스 전략 수립에 중요한 역할을 할 수 있는지 보여 준다. 빅 데이터와 씩 데이터의 결합은 보다 인간 중심적인 접근을 실현하며, 이는 기업과 정부 기관이 보다 현명한 의사 결정을 내리는 데 중요한 역할을 할 것이다.

기업 성장의 핵심 전략

기업의 성공을 이끄는 핵심 전략은 단순히 선도적인 기술을 도입하는 것에 그치지 않는다. 중요한 것은 사람의 감성과 경험을 깊이 이해하고 이를 바탕으로 제품과 서비스를 제공하는 역량이다. 이러한 역량은 양적인 빅 데이터와 질적인 씩 데이터를 조화롭게 활용함으로써 더욱 강화될 수 있다.

빅 데이터는 방대한 양의 데이터를 분석해 패턴과 추세를 발견하고, 이를 기반으로 예측과 의사 결정을 지원하는 데 강점을 가진다. 그러나 빅 데이터만으로는 소비자의 깊은 감정과 동기를 이해하는 데 한계가 있다. 빅 데이터는 주로 표면적인 행동 패턴을 포착하는 반면, 소비자의 행동 이면에 있는 심리적 · 문화적 요인을 파악하기는 어렵다. 여기서 씩 데이터의 중요성이 부각된다.

씩 데이터는 소규모의 정교한 데이터를 통해 인간의 감정과 행동을 깊이 이해하는 것을 목표로 한다. 이는 에스노그라피와 같은 질적 연구 방법을 통해 수집된다. 연구자가 특정 환경에 참여하거나 관찰하면서 얻는 심층적인 데이터는 소비자의 행동 맥락과 감정을 이해하는 데 중요한 깨달음을 제공한다.

양적 데이터와 질적 데이터의 결합은 기업이 고객의 요구와 기대를 더 잘 이해하고, 이에 맞춘 제품과 서비스를 개발하는 데 큰 도움이 된다. 예를 들어, 애플사는 기술적 혁신과 함께 사용자 경험(UX)을 중시하며, 고객의 감정을 자극하는 디자인을 통해 큰 성공을 거두었다. 다이슨(Dyson)은 혁신적인 기술을 도입하면서도 소비자의 불편함을 해결하는 데 중점을 두어, 사용자의 경험을 향상시키는 제품을 만들어 냈다. 넷플릭스(Netflix)는 개인화된 추천 시스템을 통해 빅 데이터를 활용하면서도, 콘텐츠의 질적 측면에서 시청자의 감성을 자극하는 스토리텔링을 중요시했다. 스타벅스(Starbucks)는 매장에서의 경험을 통해 고객과 감성적으로 연결되며, 커피 이상의 가치를 제공하고 있다.

특히, 디지털 전환이 가속화되는 현대 비즈니스 환경에서는 이러한 통합 접근법이 더욱 중요해진다. 디지털 전환은 기업이 데이터 중심의 의사 결정을 통해 효율성을 높이고 새로운 비즈니스 기회를 창출하는 과정이다. 이 과정에서 빅 데이터와 씩 데이터의 통합 활용은 고객 중심의 혁신을 촉진하고 경쟁 우위를 확보하는 데 필수적이다.

이처럼 빅 데이터와 씩 데이터의 조화로운 활용은 기업이 단순히 데이터를 수집하고 분석하는 것을 넘어 고객의 깊은 요구와 기대를 충족시키는 데 필수적이다. 이는 기술적 혁신과 인간 중심의 이해를 동시에 실현할 수 있게 하며, 기업이 경쟁 우위를 유지하고 지속 가능한 성장을 이루는 데 중요한 전략으로 작용한다.

결론적으로, 빅 데이터의 양적 분석과 씩 데이터의 질적 통찰을 결합한 접근은 현대 기업이 성공을 거두는 데 필수적인 요소다. 이는 고객의 감정과 경험을 깊이 이해하고, 이를 바탕으로 더 나은 제품과 서비스를 제공함으로써 시장에서의 경쟁력을 강화하고 지속 가능한 성장을 이루는 데 중요한 역할을 할 것이다. 디지털 전환이 가속화되는 비즈니스 환경에서 이러한 통합 접근법은 더욱 중요한 의미를 지닌다.

참고문헌

안진호(2020). 은밀하고 위대한 데이터를 읽다. KEPCO, 561.

Crawford, K.(2013.4.1). The hidden biases in big data. Harvard business review. https://hbr.org/2013/04/the-hidden-biases-in-big-data

Kitchin, R.(2014). *The data revolution: Big data, open data, data infrastructures and their consequences.* Sage.

Ku, T.-Y., et al.(2016). Platform independent workflow mechanism for bigdata analytics. In *Advances in computer science and ubiquitous computing*(pp.230-235). Springer Singapore.

Wang, T.(2016.1.21). Why big data needs thick data. Medium. https://medium.com/ethnography-matters/why-big-data-needs-thick-data-b4b3e75e3d7

안진호

감성·경험 데이터 전문 기업인 ㈜아이디이노랩 대표이며, 생성형AI와 감성·경험 데이터 기반의 서비스를 개발하고 있다. 국민대학교에서 디자인으로 학사를, 경영학으로 석박사 학위를 받았다. 국민대학교와 홍익대학교 등에서 디자인 및 서비스 경영, AI 전략 등을 강의하고 있다(2012～2024). 한국디자인산업연합회와 서비스사이언스학회에서 부회장으로 활동하고 있다. 주요 저서로 『디자이너를 위한 생성형 AI 10문 10답』(2024), 『페르소나 프로파일링 리포트』(2020~2022), 『가난한 디자이너는 없다』(2016) 등이 있다. "생성형 AI의 환각 현상 최소화를 위한 요인 탐색 연구"(2024) 등 20편 이상의 논문을 KCI, SCOPUS 등 등재학술지에 게재했다.